**Relaxamento psicomotor
e consciência corporal**

EDITORES DA SÉRIE
Cristiana Castanho de Almeida Rocca
Telma Pantano
Antonio de Pádua Serafim

Relaxamento psicomotor e consciência corporal

AUTORA
Margareth Ramos Mari Dreyer

Copyright © Editora Manole Ltda., 2020, por meio de contrato com os editores e as autoras.

A edição desta obra foi financiada com recursos da Editora Manole Ltda., um projeto de iniciativa da Fundação Faculdade de Medicina em conjunto e com a anuência da Faculdade de Medicina da Universidade de São Paulo – FMUSP.

Logotipos *Copyright* © Faculdade de Medicina da Universidade de São Paulo
Copyright © Hospital das Clínicas – FMUSP
Copyright © Instituto de Psiquiatria

Editora gestora: Sônia Midori Fujiyoshi
Editora: Juliana Waku
Projeto gráfico e diagramação: Departamento Editorial da Editora Manole
Capa: Ricardo Yoshiaki Nitta Rodrigues
Ilustrações: Freepik, iStockphoto, Manuela T. C. Pelletier

CIP-Brasil. Catalogação na publicação
Sindicato Nacional dos Editores de Livros, RJ

D836r

Dreyer, Margareth Ramos Mari
Relaxamento psicomotor e consciência corporal / Margareth Ramos Mari Dreyer. - 1. ed. - Barueri [SP] : Manole, 2020.
23 cm. (Psicologia e neurociências)

Inclui bibliografia e índice
ISBN 978-65-5576-045-3

1. Psicomotricidade. 2. Psicologia clínica. 3. Neurociência cognitiva. 4. Neuropsicologia clínica. I. Título. II. Série.

20-64757
CDD: 152.3
CDU: 159.938

Camila Donis Hartmann - Bibliotecária - CRB-7/6472

Todos os direitos reservados.
Nenhuma parte deste livro poderá ser reproduzida, por qualquer processo, sem a permissão expressa dos editores. É proibida a reprodução por fotocópia.
A Editora Manole é filiada à ABDR – Associação Brasileira de Direitos Reprográficos.

1ª edição – 2020

Editora Manole Ltda.
Av. Ceci, 672 – Tamboré
06460-120 – Barueri – SP – Brasil
Fone: (11) 4196-6000
www.manole.com.br | https://atendimento.manole.com.br/

Impresso no Brasil
Printed in Brazil

EDITORES DA
SÉRIE PSICOLOGIA E NEUROCIÊNCIAS

Cristiana Castanho de Almeida Rocca
Psicóloga Supervisora do Serviço de Psicologia e Neuropsicologia, e em atuação no Hospital Dia Infantil do Instituto de Psiquiatria do Hospital das Clínicas da Faculdade de Medicina da Universidade de São Paulo (IPq-HCFMUSP). Mestre e Doutora em Ciências pela FMUSP. Professora Colaboradora na FMUSP e Professora nos cursos de Neuropsicologia do IPq-HCFMUSP.

Telma Pantano
Fonoaudióloga e Psicopedagoga do Serviço de Psiquiatria Infantil do Hospital das Clínicas da Faculdade de Medicina da Universidade de São Paulo (HCFMUSP). Vice-coordenadora do Hospital Dia Infantil do Instituto de Psiquiatria do HCFMUSP e especialista em Linguagem. Mestre e Doutora em Ciências e Pós-doutora em Psiquiatria pela FMUSP. Master em Neurociências pela Universidade de Barcelona, Espanha. Professora e Coordenadora dos cursos de Neurociências e Neuroeducação pelo Centro de Estudos em Fonoaudiologia Clínica.

Antonio de Pádua Serafim
Diretor Técnico de Saúde do Serviço de Psicologia e Neuropsicologia e do Núcleo Forense do Instituto de Psiquiatria do Hospital das Clínicas da Faculdade de Medicina da Universidade de São Paulo (IPq-HCFMUSP). Professor Colaborador do Departamento de Psiquiatria da FMUSP. Professor do Programa de Neurociências e Comportamento do Instituto de Psicologia da Universidade de São Paulo (IPUSP). Professor do Programa de Pós-Graduação em Psicologia da Saúde da Universidade Metodista de São Paulo (UMESP).

AUTORA

Margareth Ramos Mari Dreyer
Psicóloga Mestre em Ciências pela University of South Wales – Reino Unido. Pós-graduada em Psicomotricidade pela Organisation Internationale de Psychomotricité, França/ISPE-Gae e Faculdade de Medicina do ABC. Psicóloga pela Pontifícia Universidade Católica de São Paulo (PUC-SP). Colaboradora do Serviço de Psicologia e Neuropsicologia para o Hospital Dia Infantil do Instituto de Psiquiatria do Hospital das Clínicas da Faculdade de Medicina da Universidade de São Paulo (IPq-HCFMUSP). www.margarethdreyer.com.br.

DEDICATÓRIA

À minha querida mãe, com muito carinho.

AGRADECIMENTOS

Um agradecimento muito especial ao Jean-Marc, sempre meu companheiro, e aos meus queridos filhos, Thomas e Lucas.

Agradeço também a:
Minha querida amiga Cristiana, pela inspiração e por ser um modelo de profissional para mim. Obrigada pelo carinho, incentivo e pela sua tão grande generosidade.
Telma e Antonio, pela oportunidade de contribuir e pela parceria de sempre.
Minha amiga Manuela Pelletier, advogada, com talento de desenhista, que gentilmente ilustrou páginas deste trabalho.
Meu pai, pelo incentivo aos estudos.

SUMÁRIO

Apresentação da Série XV

Prólogo 1
Introdução 4
Considerações gerais sobre o programa 6

Parte I – Sessões com pais/cuidadores
Sessão 1 – Apresentação do programa 12
Sessão 2 – Importância da respiração 20
Sessão 3 – Relaxamento grafomotor 24
Sessão 4 – Rastreamento corporal 29
Sessão 5 – Relaxamento muscular progressivo 32
Sessão 6 – Conhecendo os músculos e o tônus muscular 35
Sessão 7 – O estresse no vínculo pais e filhos 38

Parte II – Sessões com pais e filhos
Sessão 8 – Introdução do programa para as crianças 44
Sessão 9 – O corpo e as emoções 48
Sessão 10 – Relaxamento com escovas 51
Sessão 11 – Alongando e respirando 53
Sessão 12 – Relaxamento para crianças de Michaux 56

Anexos
1 Lista de Problemas 60
2A Escala de Percepção de Relaxamento para adultos 62
2B Escala de Percepção de Relaxamento para crianças e adolescentes 63

3 Registro do Detetive 64
4 Roteiro para o rastreamento corporal 65
5 Roteiro para o relaxamento muscular progressivo de Jacobson 67
6 Roteiro para o relaxamento de segmentos corporais 69
7 Relaxamento para crianças de Michaux 73
8 Técnica do rolo de barbante 77
9 Teste do Espaguete de Snel 78
10 Recursos adicionais 80
11 Quiz relaxamento 81

Referências bibliográficas 82
Índice remissivo 83
Slides 87

APRESENTAÇÃO DA SÉRIE

O processo do ciclo vital humano se caracteriza por um período significativo de aquisições e desenvolvimento de habilidades e competências, com maior destaque para a fase da infância e adolescência. Na fase adulta, a aquisição de habilidades continua, mas em menor intensidade, figurando mais a manutenção daquilo que foi aprendido. Em um terceiro estágio, vem o cenário do envelhecimento, que é marcado principalmente pelo declínio de várias habilidades. Este breve relato das etapas do ciclo vital, de maneira geral, contempla o que se define como um processo do desenvolvimento humano normal, ou seja, adquirimos capacidades, estas são mantidas por um tempo e declinam em outro.

No entanto, quando nos voltamos ao contexto dos transtornos mentais, é preciso considerar que tanto os sintomas como as dificuldades cognitivas configuram-se por impactos significativos na vida prática da pessoa portadora de um determinado quadro, bem como de sua família. Dados da Organização Mundial da Saúde (OMS) destacam que a maioria dos programas de desenvolvimento e da luta contra a pobreza não atinge as pessoas com transtornos mentais. Por exemplo, 75 a 85% dessa população não têm acesso a qualquer forma de tratamento da saúde mental. Deficiências mentais e psicológicas estão associadas a taxas de desemprego elevadas a patamares de 90%. Além disso, essas pessoas não têm acesso a oportunidades educacionais e profissionais para atender ao seu pleno potencial.

Os transtornos mentais representam uma das principais causas de incapacidade no mundo. Três das dez principais causas de incapacidade em pessoas entre as idades de 15 e 44 anos são decorrentes de transtornos mentais, e as outras causas são muitas vezes associadas com estes transtornos. Estudos tanto prospectivos quanto retrospectivos enfatizam que de maneira geral os transtornos mentais começam na infância e adolescência e se estendem à idade adulta.

Tem-se ainda que os problemas relativos à saúde mental são responsáveis por altas taxas de mortalidade e incapacidade, tendo participação em cerca de 8,8 a 16,6% do total da carga de doença em decorrência das condições de saúde em países de baixa e média renda, respectivamente. Podemos citar como exemplo a ocorrência da depressão, com projeções de ser a segunda maior causa de incidência de doenças em países de renda média e a terceira maior em países de baixa renda até 2030, segundo a OMS.

Entre os problemas prioritários de saúde mental, além da depressão estão a psicose, o suicídio, a epilepsia, as síndromes demenciais, os problemas decorrentes do uso de álcool e drogas e os transtornos mentais na infância e adolescência. Nos casos de crianças com quadros psiquiátricos, estas tendem a enfrentar dificuldades importantes no ambiente familiar e escolar, além de problemas psicossociais, o que por vezes se estende à vida adulta.

Considerando tanto os declínios próprios do desenvolvimento normal quanto os prejuízos decorrentes dos transtornos mentais, torna-se necessária a criação de programas de intervenções que possam minimizar o impacto dessas condições. No escopo das ações, estas devem contemplar programas voltados para os treinos cognitivos, habilidades socioemocionais e comportamentais.

Com base nesta argumentação, o Serviço de Psicologia e Neuropsicologia do Instituto de Psiquiatria do Hospital das Clínicas da Faculdade de Medicina da Universidade de São Paulo, em parceria com a Editora Manole, apresenta a série Psicologia e Neurociências, tendo como população-alvo crianças, adolescentes, adultos e idosos.

O objetivo desta série é apresentar um conjunto de ações interventivas voltadas para pessoas portadoras de quadros neuropsiquiátricos com ênfase nas áreas da cognição, socioemocional e comportamental, além de orientar pais e professores.

O desenvolvimento dos manuais da Série foi pautado na prática clínica em instituição de atenção a portadores de transtornos mentais por equipe multidisciplinar. O eixo temporal das sessões foi estruturado para 12 encontros, os quais poderão ser estendidos de acordo com a necessidade e a identificação do profissional que conduzirá o trabalho.

Destaca-se que a efetividade do trabalho de cada manual está diretamente associada à capacidade de manejo e conhecimento teórico do profissional em relação à temática a qual o manual se aplica. O objetivo não representa a ideia de remissão total das dificuldades, mas sim da possibilidade de que o paciente e seu familiar reconheçam as dificuldades peculiares de cada quadro e possam desenvolver estratégias para uma melhor adequação à sua realidade. Além disso, ressaltamos que os diferentes manuais podem ser utilizados em combinação.

CONTEÚDO COMPLEMENTAR

Os *slides* coloridos para uso nas sessões de atendimento estão disponíveis no *site*:

manoleeducacao.com.br/conteudo-complementar/saude

(*Voucher*: GRAFOMOTOR)

> Durante o processo de edição desta obra, foram tomados todos os cuidados para assegurar a publicação de informações precisas e de práticas geralmente aceitas. Do mesmo modo, foram empregados todos os esforços para garantir a autorização das imagens aqui reproduzidas. Caso algum autor sinta-se prejudicado, favor entrar em contato com a editora.
>
> Os autores e os editores eximem-se da responsabilidade por quaisquer erros ou omissões ou por quaisquer consequências decorrentes da aplicação das informações presentes nesta obra. É responsabilidade do profissional, com base em sua experiência e conhecimento, determinar a aplicabilidade das informações em cada situação.

PRÓLOGO

No mundo ocidental atual, o interesse na convergência corpo-mente e nas práticas de relaxamento se expressa no número sempre crescente de pesquisas com as técnicas de meditação orientais, no uso de *mindfulness* (ou técnicas de consciência plena). A eficácia dessas práticas no tratamento de sintomas de estresse, por exemplo, é confirmada pelas evidências clínicas. Evidências científicas mostraram uma associação entre mudanças na anatomia cerebral e a prática da meditação. Pessoas que praticavam a meditação foram comparadas a sujeitos-controle com a mesma idade, sexo e educação, e que não meditavam. As pessoas que meditavam apresentavam um espessamento nas camadas corticais[1]. Por essas razões, a indicação dessas práticas como método terapêutico é feita tanto na clínica psiquiátrica quanto psicológica (principalmente nas terapias cognitivo-comportamentais, como é o caso do uso de técnicas de relaxamento guiadas).

A "relaxação" psicomotora

Desde o seu surgimento no início do século XX na França, a psicomotricidade utiliza suas próprias técnicas de relaxamento corporais (*la relaxation psychomotrice*) em sua prática clínica, sendo a expressão do tônus um dos fundamentos dessa disciplina.

Na prática psicomotora, as relações entre estados emocionais, e mesmo características de personalidade, estão intrinsicamente ligadas ao tônus. Segundo a definição de De Bousingen[2], os métodos de "relaxação" são: "condutas terapêuticas reeducativas ou educativas, que utilizam técnicas elaboradas e codificadas, atuando especificamente no aspecto tônico da personalidade e das tensões. A descontração neuromuscular leva a um tônus de repouso, base de um relaxamento físico e psíquico".

Histórico

O projeto-piloto que deu origem a este programa estava inserido em um trabalho de Psicomotricidade em reabilitação multidisciplinar, no Hospital Dia Infantil do Serviço de Psiquiatria da Infância e da Adolescência do Instituto de Psiquiatria da Faculdade de Medicina da Universidade de São Paulo. Por meio da observação psicomotora de crianças e adolescentes e de seus pais dentro do Serviço, constatou-se o sofrimento emocional refletido nos corpos por meio de sedentarismo, agitação, obesidade, muitas tensões, abandono, esquecimento e negligência ("Corpo? Não dá para pensar nele...", disse um dos pais).

Como cuidar dos filhos estando nessas condições? Que modo de estar no mundo passamos como modelo?

Desta perspectiva psicomotora – visão total de ser humano em que corpo e mente são inseparáveis –, surgiu a ideia de desenvolver um programa para melhorar o vínculo entre pais e filhos além das vias de comunicação verbais: por meio do corpo. O objetivo deste trabalho é trazer o corpo à consciência dos pais e de seus filhos, despertar-lhes a percepção e aumentar a sua atenção para "o ser" de maneira global, usando esta perspectiva para melhorar assim a relação entre pais e filhos.

Formato

Os instrumentos empregados para ensinar a vivenciar as técnicas corporais e assim unir pais e filhos por meio da força da comunicação não verbal aliam palavras e os recursos visuais e auditivos.

Este programa é igualmente indicado para o trabalho individual em consultório e, nesse caso, as sessões podem ser intercambiadas para que o trabalho se torne mais específico para cada pessoa e suas vivências.

Algumas considerações sobre transtornos e sintomas específicos apresentados por crianças e adolescentes que desenvolveram sintomas psiquiátricos e seus cuidadores foram levadas em conta ao realizar este manual. Entretanto, o conteúdo deste manual foi elaborado de maneira mais ampla possível, para abranger o maior número de pessoas e tipos de problemas (como depressão, ansiedade, hiperatividade, transtornos de humor, transtornos comportamentais e disruptivos de diversas ordens – ver "Contraindicações"). A intervenção terapêutica foi formatada para o uso grupal. Este programa existiu (e existe) ao lado de outras abordagens terapêuticas no contexto de um serviço de saúde mental: individuais, em grupo, familiares, psicoterápicas, ocupacionais, medicamentosas. A abordagem multidisciplinar, sem dúvida, potencializa seus efeitos, mas seu valor também é reconhecido separadamente.

A organização do programa conta com duas partes distintas: um grupo de sessões destinadas aos pais e/ou cuidadores e, em uma segunda parte, sessões com filhos e pais/cuidadores juntos.

Há um racional por trás dessa estrutura que, a esta altura já pode estar evidente: muitos pais não conseguem proporcionar o acolhimento de que seus filhos tanto precisam, devido às próprias limitações em lidar com o estresse e as condições adversas que enfrentam. Dessa forma, é necessário conversar e praticar com os pais antes para que possam se preparar minimamente, para dar continência emocional e tônica aos seus filhos (ver bases teóricas na "Introdução").

Que esta experiência seja enriquecedora para os participantes e que possam se beneficiar de práticas simples, acrescentando-as em seu dia a dia. Que seja gratificadora e prazerosa para o professional que vai utilizá-la como é para mim!

Boa leitura e bom trabalho!

INTRODUÇÃO

Objetivo

Este trabalho visa a disseminar de maneira clara e objetiva técnicas simples que as pessoas que tiverem a oportunidade de participar do programa possam aplicar em seu dia a dia.

O programa divulga técnicas que podem ser aplicadas no consultório, em programas de reabilitação ou em hospitais. Visa-se com este programa a generalização das práticas para o uso no ambiente, uma vez que o pai/cuidador será um agente multiplicador. As técnicas serão ensinadas aos participantes por meio da palavra, da discussão, dos recursos visuais e auditivos, mas, principalmente, das experiências vividas por meio do corpo: vivências tônico-emocionais e proprioceptivas. As crianças e/ou adolescentes só serão inseridas no trabalho quando os pais ou cuidadores estiverem mais familiarizados com o conteúdo e mais preparados sob o ponto de vista psicomotor para dar continência ao corpo do outro.

Ao final deste curso esperamos que os participantes estejam aptos a aplicar em seu dia a dia as técnicas ensinadas, que possam adquirir maior consciência e dar maior atenção às questões corporais, para que se comuniquem de maneira melhor e mais adaptada baseando-se no respeito que exigem as relações, principalmente, a relação entre pais e filhos.

Público deste manual

Este manual se destina a profissionais familiarizados com vivências corporais e com experiência no manejo de problemas em atendimento em saúde mental (psicomotricistas, psicólogos, psiquiatras, enfermeiros, fisioterapeutas).

Bases teóricas

As informações sintetizadas são provenientes de pesquisas em diversos materiais e fontes, ajudando o profissional que deseja implantar um programa de consciência corporal e técnicas de relaxamento de maneira rápida, prática e simples.

O programa segue a linha de trabalho e as teorias da psicomotricidade e foi elaborado agregando métodos de outras áreas de conhecimento, em especial da psicologia. O manual é fundamentado nas evidências científicas sobre os benefícios e a indicação de técnicas de relaxamento em saúde mental; técnicas e métodos de trabalho derivados da abordagem psicomotora; formatação do trabalho empregada nas terapias cognitivo-comportamentais.

Nesse sentido, este trabalho é agregador, tendo recolhido e selecionado informações de diversos autores para compartilhar com profissionais que lidam com crianças e adolescentes, pais ou cuidadores passando por momentos difíceis.

O propósito é de fazer com que pais e filhos tenham experiências de relaxamento, não verbais, por meio de uma comunicação arcaica, que lembra os primórdios da infância e que fundamenta as teorias da psicomotricidade. Henry Wallon[3] mostrava a ligação entre o tônus e a emoção na interação da mãe com o bebê, a qual denominou de relação tônico-afetiva. Juan de Ajuriaguerra (discípulo de Wallon) fala de diálogo-tônico emocional, para explicar a função da mãe ao receber as informações e compreender as necessidades do bebê e responder a elas quando, por exemplo, o bebê chora e manifesta-se por meio do tônus fisiológico e emocional.

Aumentando a consciência e a percepção corporal por meio de técnicas de relaxamento psicomotor e outras, tentamos, ao menos, plantar uma semente e dar ferramentas para que os pacientes e seus pais e cuidadores possam:

- Ter uma vivência integral melhor, por meio da conscientização das vias corporais (consciência tônico-emocional) e da melhora da consciência corporal, adequando suas próprias respostas a um nível melhor de adaptação e desempenho.
- Engajar o indivíduo na melhora dos vínculos entre pais e filhos, por meio da comunicação por vias não verbais com técnicas de relaxamento psicomotor empregadas.

CONSIDERAÇÕES GERAIS SOBRE O PROGRAMA

Material para todas as sessões

- Computador para executar os *slides* e reprodutor de música.
- Conexão com a internet, para colocar música relaxante, música clássica, instrumental como jazz ou próprias para o relaxamento e a meditação (ver recursos).
- Papel e caneta para anotar as informações importantes.
- Blocos ou cadernos pequenos e canetas para todos os participantes.
- Etiquetas para etiquetar material do professional e dos participantes.
- Folhas de flipchart e fita crepe, lousa ou *post-its* de tamanho médio para anotar as ideias.

Infraestrutura necessária

- Sala grande e arejada com espaço suficiente para que colchonetes sejam estendidos no chão.
- Cadeiras para os participantes.
- Cadeira para o facilitador.
- 1 mesa para apoio.
- Colchonetes para todos os participantes.
- Pulverizador com álcool para higienizar os colchonetes após o uso.

Materiais específicos

Estão descritos em cada sessão.

Indicações

Pacientes (crianças ou adolescentes), pais e/ou cuidadores (usaremos o termo "pais" para nos referirmos aos pais, mães, cuidadores ou cuidadoras em geral e "filhos" para nos referirmos às crianças e aos adolescentes) em atendimento de saúde mental ambulatorial, em condição de internação parcial. O programa poderá ser adaptado para uso em consultórios particulares e escolas.

Precauções e contraindicações

Casos de abuso sexual, esquizofrenia, psicose e transtornos alimentares em fases agudas, epilepsia.
Casos extremos de agressividade ou agitação psíquica.
Para os casos de abuso sexual, as abordagens terapêuticas com foco na condição emocional do participante se fazem primordiais e a inserção neste tipo de programa deve ser discutido com o terapeuta. O perpetuador do abuso não deverá ser inserido no programa em nenhum caso.
Nos casos de esquizofrenia e de outras psicoses, assim como para transtornos alimentares, a estabilização dos sintomas clínicos se faz necessária e a autorização do médico responsável pelo tratamento deve ser entregue assinada, carimbada e datada. Pacientes com epilepsia também necessitam de autorização médica, e a restrição a algumas atividades pode ocorrer, sendo necessária, assim, a apresentação do clínico responsável pelo encaminhamento.

Estrutura do programa

- 12 sessões de aproximadamente 60 minutos cada:
- Sete apenas com os pais.
- Cinco com os pais e filhos.

Símbolos

A maioria das sessões contém as mesmas etapas. Para não repeti-las de maneira sistemática ao longo do manual, elas serão indicadas pelos símbolos a seguir.

Ao iniciar cada sessão, "Quebre o gelo!" Isto nada mais é do que deixar os participantes mais à vontade, despertando o interesse pelo assunto que será desenvolvido e diminuindo a ansiedade.

O trabalho do terapeuta ou facilitador é de mediar a relação entre o conteúdo que será exposto e os participantes. É importante usar as colocações e experiências dos participantes e relacioná-las com conteúdo do programa. Este símbolo significa "Abra a discussão para o grupo". Nesse momento cabe ao terapeuta conversar com o grupo sobre os assuntos que surgirão e dar sequência ao conteúdo.

Sempre ao iniciar cada sessão, retome o conteúdo sessão da anterior. Questione primeiramente sobre a tarefa a ser feita em casa perguntando: "Do que vocês se recordam do conteúdo da última sessão? O que aprenderam? Alguém se voluntaria a demonstrar a técnica utilizada?" Anote as falas e então discuta com o grupo os conteúdos que adquiriram da última sessão. Isso faz com que mantenham a atenção fixem o conteúdo das sessões.

Usaremos as capacidades cognitivas para melhor compreender e colocar em termos claros os conteúdos que iremos abordar. A agenda serve para apontar os objetivos a serem alcançados naquela sessão, visualmente, ajudando a memorizá-los.

A função mais importante do facilitador é a de insistir em informar os pais sobre a importância da consciência integral e corporal no desenvolvimento de seus filhos. Ao aplicarem as técnicas em casa consigo mesmos e principalmente com os filhos, serão agentes multiplicadores na educação da consciência corporal.
As atividades para casa servem para fazer a ligação das coisas aprendidas nas sessões, com a vivência em casa. Este treino em casa é a chave para o sucesso da intervenção e para que se alcancem os benefícios.
Vamos utilizar uma ponte para nos lembrar da generalização para o ambiente, por meio das lições de casa.

CONSIDERAÇÕES GERAIS SOBRE O PROGRAMA 9

	Quando ver estes símbolos, distribua a Escala de Relaxamento e/ou do termômetro das emoções (Anexo 2a e 2b). Note que para as crianças você deverá imprimir uma folha por sessão, enquanto, para os adultos e os adolescentes, a ficha será a mesma ao longo das sessões. Enunciar sempre, no início de cada sessão: "Por favor, marquem como estão se sentindo hoje na Escala de Relaxamento (ou termômetro das emoções para as crianças)." Instruções: "Esta é uma Escala de Relaxamento. Vocês vão recebê-la antes de cada sessão, vão preenchê-la e entregá-la ao final de cada sessão. Marquem de 1 a 5 como estão se sentindo hoje na coluna do 'Antes'. Depois de cada exercício de relaxamento marquem como estão se sentindo na coluna do 'Depois'. O 1 significa que estão totalmente relaxados, enquanto o 5 significa que estão totalmente tensos. Ou seja, quanto mais alto o número, maior a tensão; quanto menor o número, menos tensão e maior o relaxamento." Recolha as fichas.
	Liste as palavras em uma folha de flipchart (ou adesivada na parede) com uma canetinha.
	Esta etiqueta simboliza a apresentação dos participantes. Aproveite e pergunte as ideias deles sobre o que irão fazer ali. Diga: "Quais as suas expectativas? Podem defini-las em uma palavra?"
	Coloque música.
	Foco na respiração.

PARTE I
SESSÕES COM PAIS/CUIDADORES

SESSÃO 1 – APRESENTAÇÃO DO PROGRAMA

Formato: psicoeducativo.
Material: *Slides* da sessão 1; etiquetas e canetas hidrográficas; folhas com Lista de Problemas do Anexo 1 para cada participante.
Participantes: pais ou cuidadores.

Resumo dos temas abordados

- ✓ Apresentação.
- ✓ Contrato.
- ✓ Estrutura, objetivos do programa, visão psicomotora.
- ✓ Estresse e o funcionamento neurofisiológico.

Apresentação

Peça que cada um escreva o seu primeiro nome em uma etiqueta e cole-a em local visível em sua blusa para que todos possam se conhecer.

O facilitador se apresenta e solicita que cada um faça uma breve apresentação de si, que inclua seu nome e uma palavra ou frase (curta) que resume as suas expectativas sobre este trabalho. Por exemplo: "Serenidade".

Contrato

Neste primeiro encontro com o grupo, estabeleça as regras sobre a confidencialidade: "Todas as contribuições sobre suas experiências serão bem-vindas! Não há certo ou errado. Neste espaço tudo o que for falado estará sob contrato de confidencialidade, e cabe a cada um de vocês decidir se querem ou não dividir com os demais suas experiências e impressões".

Estrutura do programa

Mostre o *Slide* 1.1.

Explique aos participantes como será a estrutura do programa ("Sete sessões com os pais e depois cinco sessões com pais e filhos juntos, em um total de 12 sessões") e que os filhos só serão inseridos no grupo quando os pais ou cuidadores estiverem mais familiarizados com o conteúdo, mais relaxados, amparados e mais conscientes de suas capacidades e limites em acolher o outro.

Objetivo

"Nesta sessão, vamos utilizar as palavras e os recursos visuais para aprendermos um pouco sobre os objetivos do programa. Falaremos sobre a importância do corpo em nossas vidas, definiremos o estresse e o seu funcionamento neurofisiológico."

Converse sobre a indicação para este programa

É importante fazer as pessoas pensarem como este programa se encaixa em suas necessidades, mesmo que pareça evidente. Tente mostrar a necessidade e que eles vejam a própria demanda para o trabalho. Mostre o *Slide* 1.2.

Explique: "Você procurou tratamento para o seu filho. Está procurando reduzir problemas e convive atualmente com excesso de estresse?"

Mostre o *Slide* 1.3.

Mostre o *Slide* 1.4.

É comum que os participantes associem relaxamento a massagem e que, quando ouvirem os objetivos do grupo, fiquem com as expectativas frustradas. Caso essa expectativa surja, explique: "Não haverá massagens, mas sim técnicas de relaxamento psicomotor nas quais o corpo como um todo será utilizado". A experiência mostra que a grande maioria aproveita muito bem e adora a ideia de participar, ter um espaço e experimentar uma outra possibilidade de cuidar do vínculo afetivo com os filhos. Ninguém nunca desistiu.

Mostre o *Slide* 1.5 e diga:

"Mas você deve estar pensando... Por que falar do corpo dentro de um programa/serviço para melhorar as questões relacionadas à mente?"

Mostre os *Slides* 1.6, 1.7, 1.8 e 1.9.

"A explicação é: o corpo nos transporta! É por meio dele que eu existo, me relaciono, me comunico, me expresso no mundo. O corpo e a mente constituem o indivíduo. São um só. Não há divisão! Por esse motivo, a psicomotricidade dispensa hífen! É uma disciplina que entende o indivíduo como um todo."

Discuta aspectos físicos/cognitivos/motores/emocionais e sua associação.

A psicomotricidade é uma disciplina que possui uma visão global (ou holística) do indivíduo. O indivíduo é constituído por aspectos motores, afetivos e cognitivos. Esses aspectos estão dinamicamente ligados, como em uma engrenagem (Figura 1). O indivíduo está vinculado ao seu contexto psicossocial, o qual é composto por diversas camadas (Figura 2). A relação da criança com seus pais é a primeira camada e é nela que será focado nosso trabalho. Mostre os *Slides* 1.10 e 1.11.

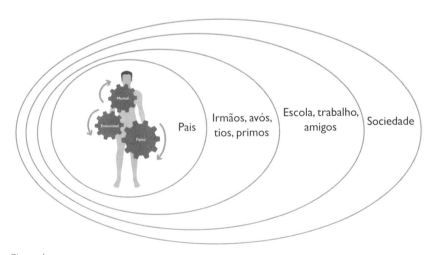

Figura 1

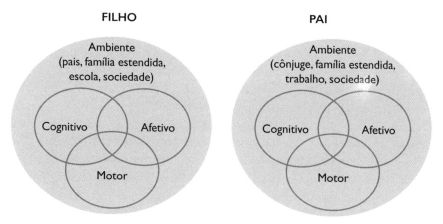

Figura 2

Mostre os *Slides* 1.12 e 1.13: "Então, o que vamos fazer? Pensar, falar e praticar exercícios com o corpo, para que vocês aprendam técnicas para que possam fazer em casa."

Mostre o *Slide* 1.14.

"E para quê? Para aumentar a nossa compreensão e nossa atenção em relação a nós mesmos, conhecer melhor os sinais de estresse e de relaxamento, plantando uma semente que pode melhorar a qualidade de vida de vocês.

Vocês sairão deste grupo ao menos sabendo e tendo adquirido consciência de que existem respostas diferentes ao estresse, para que o vínculo com seus filhos fique mais agradável!"

Objetivos gerais do programa

"Ao final do programa vocês vão sair com ferramentas práticas para lidar melhor com o estresse. E vão poder ensinar seus filhos! Dar ferramentas para eles também poderem lidar melhor com o estresse.

Estão prontos? Então, vamos começar explorando um pouco mais o que é o estresse?"

Mostre o *Slide* 1.15.

Ler: "O termo estresse foi tomado emprestado da Física, na qual designa a tensão e o desgaste a que estão expostos os materiais.

Para a espécie humana, a soma de respostas físicas e mentais causadas por determinados estímulos externos ou internos (estressores) permite ao indivíduo superar determinadas exigências do meio ambiente".

Mostre o *Slide* 1.16: "A cada estágio da vida, o estresse se encontra presente. No nascimento, quando o bebê sai do útero (uma força o empurra para fora, ele encontra-se com o frio, a luz, o manuseio). A cada situação fisiológica diária, quando temos fome, sono, etc. Quando temos que aprender a segurar a mamadeira ou quando temos que aprender a tabuada. Qualquer mudança à qual você tem que se adaptar gera estresse."

"Já parou para pensar que até mesmo coisas positivas geram estresse? Pensem na experiência de começar em um novo emprego." Mostre o *Slide* 1.17.

"Agora, vamos pensar em citar fatores de estresse internos (dentro do nosso corpo) e externos (fora do nosso corpo)." Mostre os *Slides* 1.18 e 1.19.

Anote em uma folha para você poder se lembrar.
Conversem sobre os exemplos citados.

Mostre o *Slide* 1.20.

Pergunte ao grupo

Será que temos a capacidade de perceber por que e quando estamos estressados? Qual é o motivo? É uma situação perigosa? Estou ameaçado? Como lidamos com isso?

Ler: "De acordo com Lazarus[4], em geral, as pessoas estressadas avaliam as situações como ameaças e não têm ideia de como lidar com formas diferentes de estresse".

"Em uma situação de estresse (real ou imaginário), acontece o seguinte processo:

Mostre os *Slides* 1.21 a 1.23.

Leia: "Imagine que você está sozinho na selva e vê na sua frente um leão.

Sua percepção visual vai informar o córtex cerebral que identifica o leão como perigoso. O córtex manda esse sinal de alarme para o hipotálamo, que dispara uma série de mudanças para o sistema nervoso simpático promover, devido à situação de alerta. Essas mudanças serão manifestadas no corpo, como iremos ver a seguir."

Mostre o *Slide* 1.24.
Ler os exemplos:
"Entretanto, o estresse exagerado pode causar danos ao nosso organismo. Vocês sabem quais são exemplos de problemas que o estresse em excesso pode agravar?"

Mostre o *Slide* 1.25.

"A baixa de tensão, a falta de vontade que observamos nos estados depressivos se expressam de maneira diferente no corpo: isto nos remete ao tônus muscular."

Mostre o *Slide* 1.26.

"Agora vamos falar de maneira geral sobre o que é o tônus em Psicomotricidade."

Diga: "Uma tensão do tônus muscular em excesso..." Mostre o *Slide* 1.27.
Leia o *Slide* 1.28.

"O seu corpo não gosta de estresse, e se comunica com você por meio de sinais."

Pedir para o grupo participar e então mostrar o *Slide* 1.29.

Mostre o *Slide* 1.30.
"Você pode utilizar ferramentas de relaxamento para combater essas respostas no seu corpo também."

"Existem as técnicas psicomotoras para evitar esgotamento da energia. Você pode aprender a ter consciência da sua resposta de estresse por meio de seu corpo e então controlá-la. Você pode aprender a ter uma resposta de relaxamento! Para isso você precisa voltar a consciência e a atenção para seu corpo."

"O relaxamento psicomotor vai ajudar a:" Mostre o *Slide* 1.31.
"Melhorar a resposta ao estresse.
Inibir o alarme.
Fazer o corpo voltar ao estado normal e de equilíbrio.
Normalizar processos físicos, mentais emocionais = corpo.
Promover a baixa da tensão muscular."
Mostre os *Slides* 1.32 a 1.36.

Aviso

"Existem diversos tipos de psicoterapias para nos ajudar a lidar com questões da vida. Por meio das palavras, podemos resolver os problemas. Pode ser que apenas essas técnicas de relaxamento e consciência corporal não sejam suficientes para ajudá-lo a lidar com o estresse.

Este programa não tem o objetivo de substituir o trabalho psicoterápico, medicamentoso ou psiquiátrico. Se você achar que não consegue atingir seus objetivos somente com esta prática, considere iniciar um trabalho psicoterápico individual.

Os tipos de relaxamentos que usamos são técnicas ativas. Você tem que estar consciente e atento. Algumas técnicas vão agradar mais, outras menos, umas vão servir para você e seu filho, outras não. O mais importante é você escolher aquilo que pode ser aplicado no dia a dia e praticar.

O relaxamento que usamos não diz respeito a: dormir, vegetar em frente à TV ou à internet, mesmo que essas coisas sejam atividades agradáveis, distrações ou necessidades vitais."

"É muito importante que o relaxamento seja algo que dê para aplicar. Portanto, você deve começar estabelecendo metas pequenas. Qual vai ser seu primeiro passo? 5 minutos a cada dia?"

Preencher Lista de Problemas – Anexo 1.

"Esta escala será utilizada para monitorarmos se, quando terminarmos o programa de relaxamento, ele fez algum efeito sobre os sintomas que estão sentindo até o presente momento. Retomaremos esta escala no final do programa. Por favor tragam-na na próxima sessão."

SESSÃO 2 – IMPORTÂNCIA DA RESPIRAÇÃO

Formato: psicoeducativo com exercícios práticos.
Material: *Slides* da sessão 2; folha de flipchart, caneta hidrográfica e fita crepe. Escala de Relaxamento (Anexo 2) para todos os participantes.
Participantes: pais ou cuidadores.

Resumo dos temas abordados

- ✓ Cuidar do cuidador.
- ✓ Importância da respiração.
- ✓ Técnica de respiração diafragmática.

Questione sobre a tarefa feita em casa. "Vocês trouxeram a Lista de Problemas preenchida? Alguém gostaria de comentar sua lista?" Iremos retomar esta lista ao final do programa de relaxamento. Recolha as Listas de Problemas preenchidas e guarde-as para a sessão 12.

Nesta sessão, os objetivos principais são de mostrar aos pais como eles estão e o quanto devem pensar em si para que possam ajudar seus filhos. Introduziremos a prática da percepção da respiração.

SESSÃO 2 — IMPORTÂNCIA DA RESPIRAÇÃO 21

    Discuta com o grupo.

O *Slide* 2.1 é apresentado para mostrar como a consciência do corpo e dos fenômenos ao nosso redor pode estar totalmente perdida quando ficamos envoltos em pensamentos e sentimentos. Questione o grupo: "Com qual situação você mais se identifica hoje? Em qual delas se tem maior possibilidade de consciência da existência do corpo?"

Nos *slides* seguintes discutiremos qual é a postura que temos face aos filhos e aos problemas ou emergências que afligem ambos. Antes de mudar para os *Slides* 2.2 e 2.3, pergunte ao grupo: "Será que vocês pensam em socorrer primeiro a criança ou vocês próprios em uma situação de emergência?"

Mostre os *Slides* 2.2 e 2.3.

Discuta com o grupo, que mesmo se parece melhor socorrer o filho e cuidar dele em primeiro, é importante que os pais sigam respirando para conseguirem responder aos problemas que surgirão.

"Para isto, é necessário: a) estar consciente; b) colocar o oxigênio em si próprio; c) respirar profundamente, para ter fôlego para cuidar de seu filho de maneira apropriada."

"Imagine um pai sem oxigênio cuidando de um filho sem oxigênio... A possibilidade de ambos não conseguirem sair de uma situação problemática é grande! E como nós já discutimos na sessão anterior, não há como evitar ou controlar que essas situações aconteçam."

Explique que o relaxamento e as técnicas corporais que aprenderemos são maneiras de adquirir consciência de si e ter maior controle em situações de emergência. Ou seja, reagir de maneira diferente em situações de estresse, para então estar mais disponível para cuidar do outro.

   O que é cuidar do outro? O que significa cuidar do filho?

Leia então as ideias que aparecerem e então ressalte o fator do bem-estar emocional.

Caso as ideias a seguir não estejam listadas, leia a seguinte frase para o grupo:

"Além de cuidar das necessidades biológicas, prover um ambiente seguro, que encoraje o desenvolvimento, dar proteção, temos, como pais, o papel de ajudá-los a ter bem-estar emocional."

Peça que reflitam sobre o seu próprio bem-estar emocional. "Como estão neste momento? Será que precisam de apoio?

Como acolher seu filho e ajudar a ter bem-estar emocional, caso não esteja bem?"

Discuta com o grupo.

Mostre o *Slide* 2.4. Neste *slide*, mostraremos o círculo virtuoso do relaxamento e os benefícios que pode trazer para o dia a dia dos pais.

Diga: "Para iniciarmos as técnicas de relaxamento psicomotor, vamos discutir sobre a importância da respiração e depois vamos aprender uma técnica de respiração."

Mostre o *Slide* 2.5. "Nesta figura vemos as diferentes respostas corporais em condições de estresse e de calma. Atentem para as diferenças na qualidade da respiração."

"Vamos ver agora alguns fatos sobre o funcionamento fisiológico da respiração."

Mostre os *Slides* 2.6 a 2.14.

Os *Slides* 2.13 e 2.14 falam sobre a respiração diafragmática. Demonstre com seu próprio corpo a respiração diafragmática exibindo o *Slide* 2.15. Você pode pedir que todos façam o exercício (sentados).

Instrução

Mostre o *Slide* 2.16.

"Feche os olhos e comece a relaxar. Faça algumas respirações profundas, sinta o fundo da barriga. Tente inspirar o ar pelas narinas e expirar o ar pela boca. Sua barriga está ficando grande quando você inspira e pequena quando você solta o ar."

Peça para os participantes praticarem esse exercício por alguns minutos. Considere 5 minutos para essa atividade.

Nesta sessão, não se preocupe se os participantes não estiverem fazendo corretamente a respiração diafragmática. É importante que todos prestem atenção na respiração e nas mudanças no corpo.

Mostre os *Slides* 2.17 e 2.18.

Faremos o fechamento desta sessão mostrando a interface corpo-mente.

"As evidências mostram que o corpo reage com as emoções e que as emoções também podem reagir aos movimentos corporais intencionais."

Fazer a respiração abdominal/diafragmática por 5 minutos ao dia, durante uma semana. "Registrem no caderno e tragam na próxima sessão."

SESSÃO 3 – RELAXAMENTO GRAFOMOTOR

Formato: psicoeducativo com exercícios práticos.
Material: *Slides* da sessão 3; caixa com giz de cera (de preferência tamanho jumbo); folhas impressas com desenhos de mandalas ou flores para colorir para cada participante; folhas grandes de papel (90 x 60 cm); fita crepe.
Participantes: pais ou cuidadores.

Resumo dos temas abordados

- ✓ Relaxamento e consciência corporal.
- ✓ Sensações e percepções.
- ✓ Respiração e relaxamento grafomotor (Nunes).

Questione sobre a tarefa feita em casa. "Como foi a experiência? Quem conseguiu? Quem encontrou dificuldades? Quais foram?"

Como você pode orientá-los a achar meios de melhorar a prática?

Mostre o *Slide* 3.1.
Retome os assuntos da sessão anterior. Leia o *slide*.
Explique os tópicos que irão abordar no dia de hoje.

Mostre os *Slides* 3.2 e 3.3.
Converse sobre como a consciência corporal, das sensações e dos sinais do corpo podem mostrar que somos mais que só pensamentos ou emoções.
"Nossas sensações geram percepções. Uma sensação de bem-estar corporal pode também gerar uma situação de bem-estar mental e acalmar os pensamentos, pois estão ligados, nessa interface."
Questione o que o grupo pensa a respeito das questões (*Slide* 3.4). Peça que respondam no caderninho.
Converse sobre a correspondência das emoções com os pensamentos e com as percepções e sensações.

Discuta com o grupo as respostas a partir do *Slide* 3.5.

Resuma o assunto e mostre a relação entre os aspectos do estresse corporal e psicológico.
Mostre o *Slide* 3.8.

Atividade

"Vamos treinar a técnica da respiração diafragmática mais uma vez, por 5 minutos."

Demonstre com seu próprio corpo a respiração diafragmática.

Mostre o *Slide* 3.9.

[Sentados.] "Feche os olhos e comece a relaxar. Faça algumas respirações profundas, sinta o fundo da barriga. Tente inspirar o ar pelas narinas e expirar o ar pela boca. Sua barriga está ficando grande quando você inspira e pequena quando você solta o ar."

"Observem como fazer" (*Slide* 3.10).

Peça para os participantes praticarem esse exercício por 5 minutos.

Observe se conseguem estufar a barriga ao inspirar e soltar o ar pela boca. Peça que coloquem as mãos em cima do ventre para que percebam o movimento da respiração.

Importante: pergunte se sentem-se bem com a prática. "Tudo bem?" Caso relatem algum problema, oriente que não forcem a respiração ou prendam o ar. Isso pode provocar mal-estar.

"A próxima atividade será feita com papel. Vamos utilizar o giz de cera e vamos traçar no papel usando um grupo maior de músculos."

Solicite que se sentem no chão. Dê uma folha de papel grande, peça que colem os cantos no chão com a fita crepe, demonstrando.

Peça que façam traços grandes no papel de acordo com o ritmo da música que estão ouvindo. Coloquem música calma, pois nosso objetivo é o relaxamento (a técnica original alterna ritmos diversos). Peça que acompanhem o ritmo.

O objetivo é dançar com o giz no papel, sem se preocupar em fazer qualquer desenho figurativo.

"Dancem com o giz no papel, e o resultado serão traços, rabiscos. O importante é que sejam contínuos e com os olhos fechados."

Coloque 2 músicas calmas (duração de mais ou menos 6 minutos). Caso veja que estão dispostos a continuar, coloque mais uma música.

Ao final, pergunte a cada um dos participantes se gostariam de conversar sobre a atividade. "Como se sentiram durante a atividade? Quais foram as sensações que experimentaram? Como estava e onde estava a atenção?"

Mostre o *Slide* 3.11.

"Vocês farão um exercício parecido utilizando os lápis de cor e o controle das contrações musculares. Vocês receberão folhas com imagens de flores para colorir. Vocês poderão colorir da cor que desejarem, existem X modelos e vocês podem escolher aquele de que mais gostam."

Solicite que escolham figuras (disponíveis para *download* na internet).

Procure imagens para colorir para adultos. Use imagens mais simples com partes maiores.

"Como treino em casa, vocês vão colorir esta figura ao som de músicas calmas e agradáveis. Cada uma das partes será colorida de maneira diferente. Vocês vão alternar colorir bem forte, até a parte ficar opaca, e a outra parte ao lado será bem suave, com a máxima leveza possível. Tomem cuidado em ambos os casos para manterem-se no contorno da figura."

Demonstre.

Continuar a fazer a respiração abdominal/diafragmática por 5 minutos ao dia, durante 1 semana. "Registrem no caderno e tragam na próxima sessão."

SESSÃO 4 – RASTREAMENTO CORPORAL

Formato: psicoeducativo com exercícios práticos.
Material: *Slides* da sessão 4; folhas de papel sulfite; lápis pretos para cada um dos participantes; caixa com 24 lápis de cor; Anexo 4.
Participantes: pais ou cuidadores.

Resumo dos temas abordados

✓ Percebendo e adquirindo consciência corporal.
✓ Rastreamento corporal.

Questione como passaram a última semana. Em seguida inicie perguntando sobre a tarefa grafomotora (figura para colorir) feita em casa.

Discuta: "Como estavam a consciência e a atenção? Os músculos estiveram mais relaxados? Tiveram que pensar no corpo? Como foi controlar a força?

E a técnica de respiração? Conseguiram se organizar para fazer 5 minutos de pausa na rotina? Como foi?"

Indague se até o momento houve uma evolução na prática em casa. "O que podem fazer para melhorar a atenção a diferentes reações no dia a dia?"

Mostre o *Slide* 4.2.

Retome as sessões anteriores discutindo os assuntos: o estresse, a respiração diafragmática, as sensações e as percepções, a relação entre o estresse psicológico e o relaxamento. Questione o grupo sobre cada assunto e as informações que retiveram. Discuta mais se necessário.

Relembre os objetivos deste programa. "Ajudar você para que possa ajudar seu filho de maneira mais efetiva."

Mostre os *Slides* 4.3 e 4.4.

Explique os tópicos que irão abordar no dia de hoje.

Alguém pode dar uma demonstração da respiração abdominal?

Pratiquem essa respiração por 5 minutos.

Neste momento, mostre os *Slides* 4.5 a 4.8 e relembre a importância do corpo/consciência corporal e do porquê falar sobre o corpo.

Faça a apresentação dos *Slides* 4.9 a 4.11, que mostram possibilidades diferentes de reações ao estresse. Fale sobre a maneira pela qual as técnicas com o corpo podem ser agentes do bem-estar emocional.

As tarefas a seguir têm por objetivo nos conscientizar sobre como vivemos e representar como o estresse se reflete em nossos corpos de maneira mais concreta.

"Vamos desenhar e representar no papel a imagem que temos sobre o estresse no nosso corpo."

Atividade prática 1

Peça que os participantes se aproximem da mesa. Distribua folhas de papel sulfite e espalhe lápis de diferentes cores sobre a mesa.

"Gostaria que desenhassem seu corpo todo em uma folha de papel com lápis preto."

Uma vez que o desenho foi finalizado, diga: "Marquem nesse desenho com lápis de cor as partes corporais que apresentam o estresse. Por exemplo: se tem sintomas como dores na nuca ou no pescoço, pinte essa parte do corpo no desenho. Se você pisca os olhos, pinte seus olhos. Se tem dores de cabeça, pinte a cabeça."

Converse a respeito desta atividade com os participantes que desejarem.
Em seguida, apresente a atividade prática 2.

Atividade prática 2

Instruções: "Agora vamos realizar uma outra atividade de análise do corpo. Vamos dar atenção e foco e, como se tivéssemos uma lupa, vamos examinar e rastrear o nosso corpo."

Introduza a técnica de relaxamento que usaremos nesta sessão. Técnica do rastreamento corporal (*Slide* 4.12).

Peça que fiquem sentados, fechem os olhos, descruzem braços e pernas. Deixem os braços caírem ao longo corpo.

Leia o roteiro no Anexo 6, pausadamente com tom de voz calmo e suave.

Abra para o grupo para que comentem as atividades e sobre qual foi a percepção de cada um sobre o que fizeram.

Fazer a respiração abdominal/diafragmática durante 1 semana, diariamente, por 5 minutos.

Experimentar em uma dessas práticas de respiração além da técnica de rastreamento corporal.

SESSÃO 5 – RELAXAMENTO MUSCULAR PROGRESSIVO

Formato: psicoeducativo e atividade prática.
Material: *Slides* da sessão 5; Anexo 5; folha do Quiz Relaxamento para todos os participantes.
Participantes: pais ou cuidadores.

Resumo dos temas abordados

✓ Teste.
✓ Relaxamento muscular progressivo.

Pergunte sobre as tarefas de casa. "Quem conseguiu? Qual foi o melhor momento para você? O que te ajudou? Quem encontrou dificuldades? Quais foram?" Veja como você pode orientá-los para achar meios de melhorar a prática. "Alguém conseguiu fazer o relaxamento do corpo todo (técnica do rastreamento corporal)?"

"Esta sessão será dedicada a revisar o conteúdo e vocês terão a oportunidade de exercitar seus conhecimentos e praticar uma nova técnica de relaxamento: o relaxamento muscular progressivo."

Atividade

Distribua as folhas de teste e peça que respondam as questões. "Este é um teste de múltipla escolha com questões sobre os assuntos que conversamos até agora. Peço que respondam ao questionário, para que depois possamos comentar as respostas."

Agora solicite a cada um dos participantes que conte uma resposta e explique o porquê da sua escolha. Veja quem acertou, quem errou e por quê. Abra e discuta com os participantes. Os erros não devem ser criticados, mas discutidos quanto ao motivo de não se ter assimilado algum conceito. A postura do coordenador de grupo deve ser acolhedora e sempre estimular novas experiências e diferentes formas de aprendizado.

Mostre o *Slide* 5.1.

Retome as tarefas que foram discutidas nas sessões anteriores.

Peça a contribuição do grupo para que repitam cada assunto.

"Alguém se voluntaria para a demonstração de relaxamento por meio de alguma das técnicas que fizemos nas sessões passadas?"

Em seguida, dê 5 minutos para realizar a atividade de respiração diafragmática.

Explique o tópico que irão abordar no dia de hoje.
Mostre o *Slide* 5.2.

Atividade

Leia o roteiro do Anexo 5 para relaxamento muscular progressivo.

"Pratique o relaxamento muscular progressivo ao menos 1 vez durante a semana e conte para o grupo como foi na próxima sessão."

"Façam a respiração diafragmática durante 1 semana, diariamente, por 5 minutos."

"Tentem fazer a técnica de que mais gostaram num momento de calma. Gostaria de ouvir seus comentários na próxima semana."

SESSÃO 6 – CONHECENDO OS MÚSCULOS E O TÔNUS MUSCULAR

Formato: psicoeducativo e atividade prática.
Material: *Slides* da sessão 6; Anexo 3 para todos os participantes; Anexo 5.
Participantes: pais ou cuidadores.

Resumo dos temas abordados

✓ Relaxamento muscular progressivo.
✓ Conhecendo os músculos e o tônus muscular.

"Quem fez e gostaria de dividir com o grupo a experiência do relaxamento muscular progressivo?"

Mostre o *Slide* 6.1.

Retome cada uma das técnicas ensinadas.

"Agora classifiquem as técnicas, das que mais preferiram até as que menos preferiram de acordo com a numeração abaixo."

Leia:
- "Respiração abdominal."
- "Relaxamento progressivo."
- "Relaxamento grafomotor."

Discuta com o grupo de qual eles mais gostaram e por quê. Discutam as diferenças, e que cada indivíduo é de um jeito, assim como seus filhos. Também tem seus gostos!

Leia os *Slides* 6.2 e 6.3.

"Agora vamos fazer um outro questionário." Mostre o *Slide* 6.4.

Veja como os participantes responderam e então mostre o *Slide* 6.5.

Em seguida, mostre os *Slides* 6.6 a 6.11.

No *Slide* 6.11, ilustre relembrando a função do cerebelo como regulador do tônus.

"Hoje iremos falar sobre os músculos e o tônus muscular, e realizar mais uma vez a atividade de relaxamento muscular progressivo[5]."

"Agora, sabendo de tudo isso, vamos tentar realizar a técnica do relaxamento muscular progressivo.

Vamos fazer o relaxamento muscular progressivo de uma maneira mais longa

Para isso, vamos deitar nos colchonetes."

Leia o Anexo 5.

Converse sobre o que acharam, como se sentiram.

"1. Continuar praticando a respiração diafragmática por 5 minutos, diariamente até o nosso próximo encontro."

"2. Durante a próxima semana, preencha a folha (Anexo 4) com as situações que lhe causam estresse e tragam na próxima sessão."

Tentem fazer a técnica de que mais gostaram num momento de calma. Gostaria de ouvir seus comentários na próxima semana."

SESSÃO 7 – O ESTRESSE NO VÍNCULO PAIS E FILHOS

Formato: psicoeducativo.
Material: *Slides* da sessão 7; folha de flipchart e caneta hidrográfica; folhas de papel sulfite e canetas para todos.
Participantes: pais ou cuidadores.

Resumo dos temas abordados

✓ O estresse no vínculo pais e filhos.

Inicie a sessão perguntando quem praticou em casa a respiração diafragmática: "Quem fez e gostaria de dividir com o grupo as experiências de relaxamento dessa semana?"

Indague sobre a ficha que tiveram que preencher em casa.

"Qual foi então o resultado da atividade de detetive? Vocês conseguiram identificar a partir dessa atividade alguma situação de estresse com os filhos? E como reagiram a ela?"

Converse com o grupo sobre como será importante manter essa prática em seu dia a dia.

Mostre o *Slide* 7.1. Retome todos os temas abordados até a última sessão.

"Esta sessão é sobre o vínculo com os filhos e o estresse. Será nossa última sessão antes de nos juntarmos com os filhos.

Peça para que montem a folha do detetive que foi feita durante a semana. Abra a discussão mais uma vez e anote em uma folha grande de flipchart as informações que o grupo trouxer como sendo importantes aspectos de redução do estresse.

Em seguida faça um pequeno resumo de cada uma das afirmações (*Slides* 7.3 e 7.4), relacionando com o conteúdo que o grupo trouxer.

Mostre o *Slide* 7.5.

Se houver alguma dificuldade específica de um dos participantes, mostre o *Slide* 7.6 e reforce a ideia de que, apesar de as situações poderem melhorar com este programa, se necessário, temos que procurar ajuda profissional.

"Pensem juntos: o que pode ajudar o desempenho dos pais?" Mostre os *Slides* 7.7 e 7.8. "E o que atrapalha o seu desempenho?" Fale resumidamente sobre o uso de computadores e a rede de internet hoje em dia. Recolha e anote as informações.

"Agora vamos pegar nossos cadernos e canetas para anotar nossas reflexões pessoais."

Atividade 1

Parte 1

"Peguem seus cadernos e escrevam no cabeçalho: 'Coisas que posso fazer ou deixar de fazer objetivando o relaxamento e a consciência e atenção ao corpo'. Em seguida faça uma lista destas coisas."
Veja quem gostaria de dividir o que escreveu com os seus pares.
Abra para o grupo se colocar.
Mostre o *Slide 7.9*.

Parte 2

Agora peça: "Escrevam no cabeçalho: 'Coisas que posso fazer objetivando o relaxamento e a consciência e atenção ao corpo com seus filhos'. Em seguida faça uma lista dessas coisas."
Mostre o *Slide 7.10*.
Discuta então como as pessoas e os filhos são diferentes e como cada um precisa ser respeitado em sua individualidade. "Isso muda nossa perspectiva sobre o que esperar de nossos filhos? Quais são nossas crenças e expectativas? O que esperamos dos filhos?
Na sessão seguinte, estaremos com as crianças e, portanto, algumas ansiedades podem aparecer."

Atividade 2

Distribua folhas de papel sulfite e canetas. "Escrevam em uma folha palavras ou frases sobre o que estão pensando em relação à próxima sessão. Quais são as expectativas, os receios, os sentimentos? Organizem-se em duplas. Divida com seu colega suas preocupações e conversem a respeito."
Explique que as situações no grupo serão diferentes e que devem tentar observar os filhos mais do que agir e tentar interferir em sua fala. Explique que se houver necessidade o facilitador solicitará sua ajuda. Instrua-os a interferir o mínimo possível.

"Continuem registrando a prática da respiração. Diariamente, 5 minutos por dia até o próximo encontro. Tentem fazer a técnica de que mais gostaram em um momento de calma. Gostaria de ouvir seus comentários na próxima semana."

PARTE II
SESSÕES COM PAIS E FILHOS

SESSÃO 8 – INTRODUÇÃO DO PROGRAMA PARA AS CRIANÇAS

Formato: psicoeducativo e prático.
Material: *Slides* da sessão 8; caixa com giz de cera (de preferência tamanho jumbo); folhas impressas com desenhos de mandalas ou flores para colorir para cada participante; folhas grandes de papel (90 x 60 cm); fita crepe; Escala de Relaxamento Anexo 5 (imprimir uma para cada filho participante); caderninhos para cada um dos filhos; etiquetas para cada um dos filhos.
Participantes: pais ou cuidadores e filhos.

Resumo dos temas abordados

- ✓ Introdução do programa para as crianças.
- ✓ Contrato.
- ✓ Técnica grafomotora (Nunes).

Esta sessão se destina à introdução do tema e conteúdo do programa para o grupo de filhos.

Peça que todos os filhos se apresentem.

Contrato

Neste primeiro encontro com o grupo, estabeleça as regras sobre a confidencialidade: "Todas as contribuições sobre suas experiências serão bem-vindas. Não há certo ou errado. Neste espaço, tudo o que for falado estará sob contrato de confidencialidade e cabe a cada um de vocês decidir se querem ou não dividir com os demais suas experiências e impressões."

Mostre o *Slide* 8.1.

"Nós falaremos sobre estresse e faremos exercícios com o corpo e vamos ver como isso pode ajudar vocês, já que vieram em busca de tratamento para alguns problemas que estão enfrentando. O objetivo é que usem em casa o que aprenderem aqui. Vocês e seus pais."

"Vocês estão recebendo um caderninho que deverão trazer em todas as sessões. Nesse caderninho vocês podem anotar os seus pensamentos (crianças não alfabetizadas podem desenhar), marcar coisas de que você gostou no programa. Servirá também para responder às questões que serão colocadas para vocês."

Mostre para os filhos o Anexo 5. Peça que avaliem o seu estado atual. Explique:

"Este é o termômetro das emoções. Vocês vão recebê-lo antes de cada sessão, vão preenchê-lo e entregá-lo ao final de cada sessão. Marquem com um X em cima dos números [demonstre]. Digam de 1 a 3 como estão se sentindo agora. O 1 significa que estão totalmente relaxados, enquanto o 3 sinaliza que estão totalmente tensos. Ou seja, quanto mais alto o número, maior a tensão; quanto menor o número, mais relaxados estão. No final da sessão, vocês receberão uma instrução para preencher o outro termômetro, contando como se sentiram depois da atividade que vamos fazer (marcando na coluna do 'Depois')."

Mostre o *Slide* 8.2.

Questione os filhos sobre o que acham que os pais fizeram ali.

Mostre os *Slides* 8.3 a 8.6.

Explique: "vocês estão aqui para aprender exercícios, truques e dicas para ter mais jeitos de relaxar. Vamos trocar ideias sobre o corpo e fazer exercícios.

Para que vocês tenham uma relação melhor, é importante estarem atentos ao nível de tensão e estresse. Seus pais e vocês."

Mostre o *Slide* 8.7 e pergunte:

"O que entendem sobre estresse, o que acham que é estresse?"

Explique em seguida que não há como escapar do estresse ou das adversidades, das mudanças que acontecem na vida (p. ex., uma prova na escola, ou uma discussão com os pais), mas que existem maneiras de lidar melhor com elas.

"Às vezes por meio de terapia, às vezes por meio de conversas. Mas sempre podemos usar técnicas de relaxamento, usando o corpo. Isso será útil para toda a vida."

"Para que vamos fazer isso?" Mostre o *Slide* 8.8.

No *Slide* 8.9, pergunte por que acham importante falar do corpo.

Mostre a importância do corpo. Mostre os *Slides* 8.10 e 8.11.

Agora apresente o exercício grafomotor. "Nesta atividade vamos utilizar papel e o giz grande, e vamos usar um grupo grande de músculos." Pergunte se sabem o que são os músculos. Ouça as ideias e complemente se necessário.

Atividade

Peça que se sentem no chão, os pais distantes dos próprios filhos. Dê uma folha de papel grande e cole os cantos no chão com a fita crepe.

Peça: "Façam traços grandes no papel de acordo com o ritmo da música que estão ouvindo". Coloque música calma, pois o objetivo é o relaxamento.

"Dancem com o giz no papel conforme o ritmo da música. O objetivo é dançar com o giz no papel, sem se preocupar com o resultado. Não é para fazer um desenho ou uma figura. É só dançar com o giz no papel, e o resultado será traços, rabiscos. O importante é que sejam contínuos e com os olhos fechados. Não há certo ou errado, não existe bonito ou feio."

Coloque 2 ou 3 músicas calmas (duração de mais ou menos 6 minutos). Caso veja que estão dispostos a continuar, coloque mais uma música.

Pergunte a todos: "O que acharam da atividade? Como se sentiram?"

Peça a todos (pais e filhos) que escolham as folhas e façam a atividade juntos em casa e tragam para a próxima sessão.

"Vocês farão um exercício parecido utilizando os lápis de cor e o controle da força muscular. Vocês receberão folhas com imagens (de flores, por exemplo) para colorir. Vocês poderão colorir da cor que desejarem. Existem X modelos e vocês podem escolher aquele de que mais gostam."

"Vocês vão colorir esta figura ao som de músicas calmas e agradáveis. Cada uma das partes será colorida de maneira diferente. Vocês vão alternar colorir bem forte, até a parte ficar opaca, e a outra parte ao lado será bem suave, com a máxima leveza possível. Tomem cuidado em ambos os casos para manterem-se no contorno da figura."

Demonstre.

Verifique se todos entenderam.

Pais e filhos colocam uma música e vão repetir essa técnica em casa. Cada um em uma folha grande (de jornal, por exemplo), usando giz de cera ou então um pedaço de giz para quadro negro.

"Gostaria de ouvir seus comentários na próxima semana."

SESSÃO 9 – O CORPO E AS EMOÇÕES

Formato: prático.
Material: *Slides* da sessão 9; colchonetes; uma folha do Anexo 5 para cada filho; folha de flipchart; fita crepe; canetinha.
Participantes: pais ou cuidadores e filhos.

Resumo dos temas abordados

- ✓ Corpo e as emoções; os músculos; os sentimentos e as emoções.
- ✓ Jogo de contração e descontração muscular.

Veja quais participantes/famílias conseguiram fazer algum exercício e oriente os que não puderam fazer, questionando para ver se podem se engajar para fazer algum exercício e trazer a experiência na próxima semana.

Mostre o *Slide* 9.1.
Retome os conteúdos da última sessão. Pergunte para os filhos: "O que entenderam da última sessão?" Discuta.

Nesta sessão, objetivamos marcar a importância da memória corporal, enfatizando quais são as possibilidades do bem-estar e as diferenças entre os estados de contração muscular, associando-os às emoções. Mostrar as diferentes maneiras de estar no mundo, por meio da atenção ao tônus e praticar um exercício que volte a consciência para o corpo.

Mostre os *Slides* 9.2 e 9.3.

"O que podem dizer sobre os corpos destes gatos? O que observamos no gatinho número 1? Como estão seus músculos? O que teria acontecido com ele?

E o seguinte? O que podemos observar sobre sua postura corporal?"

"Nestas figuras observamos diferentes estados de contrações musculares, ao mesmo tempo em que observamos diferentes emoções. Todos os dois aspectos são observados em cada corpo. Ou seja, o corpo todo responde às diferentes situações, tanto na parte emocional, de percepção e entendimento da situação, quanto na parte corporal!"

Mostre os *Slides* 9.4 e 9.5.

Questione sobre as características/qualidades da gelatina. Agora sobre as da estátua. Anote as ideias na folha colada na parede. Neste momento, fale sobre os sentimentos e os músculos por meio das figuras dos *Slides* 9.6 e 9.7. "Quais são as observações que podem ser feitas sobre a leitura corporal das figuras demonstradas? Quais emoções ou afetos ou sentimentos que vocês acreditam que correspondem a cada um deles?

Atividade I

Mostre o *Slide* 9.8.

"Vamos agora fazer uma atividade que vai mexer com os nossos músculos. Todos os filhos vão andar pela sala e os pais ficarão sentados. Ao ouvir o sinal 'Pare', vão ficar imóveis como uma estátua, mas contraindo todos os músculos que puderem. Quando ouvirem 'Relaxe', poderão soltar todo o corpo, deixando-o todo mole e descontraindo os músculos como uma gelatina (mantenham-se em pé)." Repita a sequência "Pare e relaxe" por 5 vezes.

Peça que se sentem e em seguida questione como todos se sentiram fazendo este exercício e quais diferenças observaram no corpo.

Mostre o *Slide* 9.9 e comente-o com o grupo.

Atividade 2

"Nesta atividade vamos aprender a relaxar por meio da atenção e da respiração.

Os filhos podem se deitar nos colchonetes. Tenha cuidado para identificar filhos que possam se sentir mal durante a respiração. Explique que devem respirar calmamente, dentro de seu limite, sem forçar.

Deixe respirarem por 5 minutos. Peça: "Abram os olhos suavemente e, aos poucos, virem o corpo para o lado". Não deixe que se levantem subitamente, pois podem se sentir mal.

Peça para comentarem a situação. "Como foi, o que sentiram? Gostaram, o que deu certo, por que deu certo?"

Discuta os limites corporais de cada um e como somos diferentes uns dos outros, mesmo se somos parentes.

Converse sobre o relaxamento como técnica ativa, consciente e de atenção. Mostre que, mesmo com o corpo parado, esta não é uma atividade passiva (*Slide* 9.9).

Fazer os exercícios de respiração juntos, pais guiando os filhos, por 5 minutos, diariamente até o próximo encontro.

"Tentem fazer a técnica de que mais gostaram num momento de calma. Gostaria de ouvir seus comentários na próxima semana."

SESSÃO 10 – RELAXAMENTO COM ESCOVAS

Formato: prático.
Material: *Slides* da sessão 10; uma folha do Anexo 5 para cada filho; colchonetes; escovas de sapato higienizadas (uma para cada dupla pai/filho); Anexo 9.
Participantes: pais ou cuidadores e filhos.

Resumo dos temas abordados

- ✓ Relaxamento "Espaguete" (Snel).
- ✓ Técnica de escovação.

Pergunte ao grupo sobre a tarefa de casa. "Quem fez? Como se sentiu? Deu certo? O que funcionou e o que não funcionou?" Discuta com o grupo.

Veja quais participantes/famílias conseguiram fazer e oriente os que não puderam fazer, questionando para ver se podem se comprometer para a próxima semana.

Retome as atividades feitas nas sessões anteriores.
Mostre o *Slide* 10.1.

"Hoje vamos fazer outro exercício de percepção corporal."
Mostre o *Slide* 10.2.
"Vamos começar com uma pergunta."
Mostre o *Slide* 10.3.

"Vocês sabem quantos músculos há no corpo humano?"
Mostre o *Slide* 10.4. Veja quem acertou.
Agora mostre os *Slides* 10.5 a 10.8 sobre os grupos de músculos nos quais vamos focar nossa atenção durante o programa todo.

Mostre o *Slide* 10.9 e pergunte ao grupo:
"Onde se localiza o estresse em seu corpo? Dê exemplos, como: 'o meu se localiza nos meus ombros'."
Introduza o exercício de relaxamento do espaguete (Anexo 9)[9] e mostre os *Slides* 10.10 e 10.11.

Atividade

Mostre o *Slide* 10.12.
A próxima atividade de escovação será muito apreciada pela maioria. É como uma massagem de pressão profunda. O filho se senta e o pai vai escová-lo com uma escova de sapato ou escova macia e depois os papéis se invertem.
"O primeiro passo envolve o uso de uma escova suave, que é executada sobre a pele, usando pressão média para firme de cima para baixo, sempre por cima da roupa. O filho se senta em um banco, na frente dos pais, dando as costas para os pais, ou em uma cadeira com as costas da cadeira virada. A escovação começa nos ombros, costas, braços e parte do centro para as extremidades. As áreas do rosto, anterior do tórax e do estômago nunca são escovadas por serem áreas muito sensíveis." Considere 10 minutos para os pais fazerem a escovação e 10 minutos para os filhos.

"Pratiquem a técnica da escovação em casa. Gostaria de ouvir os seus comentários na próxima semana."

SESSÃO 11 – ALONGANDO E RESPIRANDO

Formato: prático.
Material: *Slides* da sessão 11; uma folha do Anexo 5 para cada filho; Roteiro para o Relaxamento de Segmentos Corporais (Anexo 6).
Participantes: pais ou cuidadores e filhos.

Resumo dos temas abordados

- ✓ Alongando e respirando.
- ✓ Minhas coisas favoritas (moldura).

Pergunte ao grupo sobre a tarefa de casa. "Quem fez? Como se sentiu? Deu certo? O que funcionou e o que não funcionou? Discuta com o grupo."

Solicite aos filhos que se voluntariem para descrever cada uma das técnicas que mostrará nos *Slides* 11.2 a 11.8.

"Discuta com o grupo todas as ideias que eventualmente surgirem sobre coisas que os atrapalham." Essas coisas podem ser muito pessoais e talvez não queiram dividir com o grupo. Neste caso, diga: "Anote suas ideias em uma folha à parte ou em seu caderninho ou guarde em sua memória."

Atividade 1

Solicite que se sentem.

Mostre os *Slides* 11.9 a 11.11.

Coloque à disposição canetinhas de diferentes cores e a folha de moldura (ver em recursos).

Peça que passem um momento fazendo em um rascunho uma lista das coisas de que mais gostam, ou lembranças boas que tenham vivido. Depois, peça que copiem essas coisas na sua moldura, no seu quadro, com uma letra bem legível e com cores diferentes.

Diga: "Esta é uma atividade que tem por objetivo dar coisas concretas em que poderão pensar quando estiverem se sentindo angustiados e quando precisarem ficar sozinhos consigo próprios. Este quadro com moldura será levado para casa e vocês devem colocá-lo em um lugar onde poderão vê-lo sempre." Exemplifique. Mostre o *Slide* 11.12.

Atividade 2

Leia o Roteiro para o Relaxamento de Segmentos Corporais (Anexo 6).

Oriente os participantes sobre a maneira correta de executar os movimentos.

"Façam os exercícios de respiração juntos, pais guiando os filhos, por 5 minutos, diariamente até o próximo encontro. Tentem fazer a técnica que mais gostaram num momento de calma. Gostaria de ouvir seus comentários na próxima semana."

SESSÃO 12 – RELAXAMENTO PARA CRIANÇAS DE MICHAUX

Formato: prático.
Material: *Slides* das sessões 11 e 12; Lista de Problemas preenchidas pelos pais/cuidadores (Anexo 1); uma folha do Anexo 5 para cada filho; rolo de barbante.
Participantes: pais ou cuidadores e filhos.

Resumo dos temas abordados

- ✓ Relaxamento em crianças (Michaux).
- ✓ Técnica do barbante.
- ✓ Encerramento.

Atividade 1

Distribua a Lista de Problemas. Converse sobre eventuais mudanças em relação à 1ª lista preenchida.

Relembre as atividades dos *slides*.

Mostre os *Slides* 12.1 a 12.3 e *Slides* 11.2 a 11.7. Peça aos filhos para demonstrarem as técnicas aprendidas até agora.

Atividade 2

Ler roteiro e demonstrar o relaxamento de Michaux.

Fechamento

Técnica do rolo de barbante (Anexo 8).

Mostre o *Slide* 12.4.

ANEXOS

ANEXO I – LISTA DE PROBLEMAS

Nome: _____ Data: _____

RELAÇÃO DE PROBLEMAS			
Avalie quais dos problemas abaixo afetam você e com que frequência.			
Você apresenta algum destes problemas?	Assinale com um X		
	1 Nunca	2 Às vezes	3 Quase sempre
Medo			
Ansiedade			
Raiva			
Irritabilidade			
Ressentimento			
Manias e obsessões			
Pensamentos ruins			
Baixa autoestima			
Tristeza			
Sentimento de culpa			
Dores			
Cabeça			
Pescoço			
Pernas			
Estômago			
Musculares em geral			
Costas			

(continua)

(continuação)

Você apresenta algum destes problemas?	Assinale com um X		
	1 Nunca	2 Às vezes	3 Quase sempre
Insônia			
Pressão sanguínea alta			
Obesidade			
Problemas digestivos			
Fora de forma			
Cansaço			
Pesadelos			
Tensão muscular			
Espasmos musculares			
Tiques			
Tremores			
Fraqueza física			

Adaptado de Davis et al., 1996[5].

ANEXO 2A – ESCALA DE PERCEPÇÃO DE RELAXAMENTO PARA ADULTOS

Instruções

Marque no início e no final de cada sessão como você se sente e como percebe seu corpo, de acordo com a escala abaixo:

Nome: _____ Data: _____

1 – Totalmente relaxado	2 – Quase relaxado	3 – Ligeiramente tenso	4 – Muito tenso	5 – Totalmente tenso

Sessão	Data	Início	Final	Observações
1				
2				
3				
4				
5				
6				
7				
8				
9				
10				
11				
12				

Adaptado de Davis et al., 1996.

ANEXO 2B – ESCALA DE PERCEPÇÃO DE RELAXAMENTO PARA CRIANÇAS E ADOLESCENTES

Imprima um para cada participante para as Sessões 8 a 12.

Marque com X como você se sente:

Nome: _____ Data: _____

ANEXO 3 – REGISTRO DO DETETIVE

SEJA O DETETIVE		
Coisas que causam sentimentos negativos (estresse, tristeza, raiva)	Em qual momento do dia ocorreu?	O que eu aprendi e posso usar para conseguir lidar melhor com esta situação da próxima vez

Fonte: adpatado de Davis et al., 1996[5].

ANEXO 4 – ROTEIRO PARA O RASTREAMENTO CORPORAL

- Comece focando sua atenção no seu corpo.
- E feche os olhos.
- Você pode notar seu corpo, sentado (ou deitado), onde quer que esteja sentado.
- Sinta o peso do seu corpo, na cadeira, no chão.
- Faça algumas respirações profundas.
- E enquanto respira profundamente.
- Traga mais oxigênio ao corpo.
- E então expire.
- Preste atenção na sensação de relaxar.
- Foque agora em seus pés no chão.
- Observe a sensação de seus pés tocando o chão.
- O peso e a pressão que fazem no solo, as vibrações, o calor.
- Note suas pernas contra a cadeira (ou contra o solo).
- Qual é a pressão, como está a pulsação? Está pesado? Leve?
- Observe suas costas contra a cadeira.
- Traga sua atenção para sua área do estômago.
- Se o seu estômago estiver tenso ou apertado, deixe-o relaxar.
- Respire.
- Observe suas mãos.
- Suas mãos estão tensas ou contraídas?
- Permita que elas se suavizem.
- Observe seus braços.
- Sinta a sensação de seus braços.
- Deixe seus ombros ficarem moles.
- Observe seu pescoço e garganta.
- Deixe-os ser macios, relaxados.
- Suavize sua mandíbula.

- Deixe o rosto e os músculos faciais ficarem soltos.
- Em seguida, observe seu corpo inteiro presente.
- Faça mais uma respiração profunda.
- Esteja ciente de todo o seu corpo, da melhor forma possível.
- Respire.
- E então, quando você estiver pronto.
- Você pode abrir os olhos.

Fonte: adaptado de: UCLA Mindful Awareness Research Center, 2007[7].

ANEXO 5 – ROTEIRO PARA O RELAXAMENTO MUSCULAR PROGRESSIVO DE JACOBSON

- Coloque-se confortavelmente em uma cadeira (ou deite-se de costas).
- Feche os olhos.
- Aperte os lábios um contra o outro e observe a tensão que produz neles. Eles estão tensos...
- Agora você vai soltá-los e deixá-los completamente descontraídos... afastando-os levemente... Observe a descontração.
- Sinta como estão relaxados e tente soltá-los a cada vez mais.
- Agora encoste sua língua com força na gengiva superior por trás dos dentes e observe essa forma de tensão.
- Retire-a agora de uma vez deixando-a tomar sua posição inicial, observe o alívio que causa a falta de pressão.
- Sinta que relaxando os lábios e a língua relaxa-se também a face e os maxilares, a garganta.
- Enrugue os músculos do rosto, as sobrancelhas, aperte os olhos, torça o nariz.
- Solte os músculos... Sinta o alívio da tensão...
- Contraia a testa, inclinando a cabeça para trás.
- Fixe a atenção no pescoço. Observe a tensão.
- Vire a cabeça para a direita, permaneça assim e perceba a mudança das tensões.
- Agora vire para a esquerda e perceba as tensões também desse lado.
- Incline a cabeça para frente, o queixo deve tocar o peito.
- Agora volte à posição solta.
- Observe como está descontraída e deixe essa sensação aumentar.
- Levante seu ombro direito e mantenha-o nessa posição.
- Observe as tensões.
- Solte-o e perceba o relaxamento dessa região, juntamente com a face e o pescoço.

- Levante o ombro esquerdo e proceda da mesma maneira.
- Solte-o agora e perceba a descontração não só dessa região, mas acima e abaixo dela.
- Faça girar coordenadamente ambos os ombros.
- Primeiro para a frente, cinco vezes, em ritmo lento.
- Solte-os observe a descontração que se estende às costas e ao peito.
- Gire-os agora para trás, cinco vezes, sem pressa.
- Solte-os observando novamente as alterações que ocorrem também nas regiões vizinhas.
- Perceba as sensações de peso nas partes trabalhadas.
- Tente estendê-la a todo o tórax.
- Poderá até sentir no corpo inteiro.
- Encolha a barriga paulatinamente permanecendo com os músculos endurecidos.
- Observe a tensão... Solte de uma vez.
- Perceba a expansão dessa soltura.
- Respire calmamente.
- Faça mais uma vez, mas encolhendo a barriga, perceba a sensação torácica.
- Solte e experimente como abdome e tórax inteiros estão relaxados e como esse estado também se transfere para as extremidades.
- Repita o exercício mantendo a barriga encolhida.
- Observe agora com a barriga encolhida a tensão nas costas juntamente com o tórax e o abdome.
- Solte então e deixe a sensação estender-se ao corpo inteiro.
- Estenda os dedos dos pés e os pés contraindo também a panturrilha, coxas e nádegas. Mantenha a posição. Agora faça o movimento contrário e empurre os dedos dos pés para trás, em direção ao rosto, tensionando as canelas. Mantenha. Solte e perceba a sensação de relaxamento...
- Respire sentindo o peso do seu corpo, as partes soltas.
- Permaneça assim um pouco...
- Agora abra os olhos... Movimente os braços... Respire profundamente...
- Espreguice-se mais...
- Vire-se com movimentos lentos para a direita e para a esquerda...
- Levante-se lentamente.

Fonte: adaptado de Sandor e Petho, 1974[8]; Davis et al., 1996[5].

ANEXO 6 – ROTEIRO PARA O RELAXAMENTO DE SEGMENTOS CORPORAIS

Recomendação geral: concentrar-se unicamente na parte do corpo que a gente está mexendo, esquecendo o resto do corpo.

1. Contração dos ombros

- Levantar um ombro esticando o mais alto possível e deixar cair pelo seu próprio peso sem jogá-lo.
- Repetir esse gesto três vezes de um lado três vezes de outro e três vezes com os dois juntos.
- Inspirar a cada contração e expirar no momento de descontração.
- Concluir por uma respiração total abdominal.
- Os ombros são as partes do corpo mais contraídas e nos beneficiamos rapidamente deste exercício.
- O movimento não precisa ser perfeito. Isso não invalida o seu benefício.
- O movimento deve ser executado como se o ombro estivesse sendo puxado para cima.

2. Fazendo círculos com os ombros

- Faça círculos para trás com um ombro, depois com o outro, e depois os dois juntos.
- Inspirar levemente quando se levanta o ombro e expirar quando estiver descendo.
- O movimento deve ser centrado no ombro que leva o braço em um gesto suave e descontraído.
- Verificar se o ritmo do gesto é calmo e suave e está sendo acompanhado de uma respiração tranquila.
- Não forçar.

3. Estendendo o braço para cima

- Para este exercício, deve-se ficar em pé.
- Levantar um braço na vertical inspirando e deixar cair descontraído na expiração Executar três movimentos de um lado, três do outro, e depois com os dois braços juntos.
- A mão vai servir de guia ao braço no movimento. Deve passar pelo meio do corpo e meio do rosto na posição vertical, esticando ao máximo a mão para cima até a ponta dos dedos.
- Quando o braço estiver lá em cima, deve estar o mais encostado possível das orelhas.
- Deixar o braço cair pelo próprio peso na descontração e seguindo o trajeto inicial. Sentir bem a descontração.

4. Contração do braço

- Em pé, com os braços naturalmente ao longo do corpo (pode também ser executado sentado com os braços ao longo do corpo sem estar colados no apoio da cadeira).
- Contrair progressivamente um braço desde a ponta dos dedos até chegar ao ombro, inspirando.
- Descontrair ou soltar de uma vez só. Três vezes um braço, três vezes o outro, e depois três vezes os dois braços juntos.
- Importante: nesse exercício, não se deve levantar o ombro, mas sim o braço.

5. Contração e descontração do braço

- Em pé, os braços soltos e descontraídos ao longo do corpo.
- Fase 1: contrair rapidamente um braço, dos dedos até o ombro, e depois descontraí-lo muito lentamente, dos dedos até o braço.
- Fase 2: contrair o braço muito lentamente, inspirando, e descontrair muito rapidamente, expirando.
- Executar esses movimentos duas vezes com um braço, duas vezes com o outro, e duas com os dois.
- Este exercício tem o objetivo de ressaltar o controle de alternar contração e descontração e uma execução lenta e rápida.

6. Balanço do cotovelo e do braço

- Braços soltos ao longo do corpo.
- Afastar o braço um pouco do corpo. O antebraço fica pendurado pela articulação do cotovelo.
- Virar as costas da mão para si. Balançar o antebraço pela articulação do cotovelo e transformar esses balanços em pequenos círculos. Três círculos em um sentido, três círculos no outro, o mesmo exercício com outro cotovelo.
- Com os dois, relaxar bem depois dos movimentos.
- Recomendação: o punho não vai participar do movimento, mas ele tem que ficar descontraído. O braço não deve mexer, ele serve unicamente de suporte.
- Os braços ao longo do corpo.
- Extensão do braço: levantar o mais lentamente e o mais levemente possível o braço na horizontal na frente, inspirando, até a altura do ombro.
- Deixá-lo cair descontraindo e expirando.
- Levantar o braço lateralmente e depois levemente para trás. O mesmo exercício com outro braço, e depois com os dois juntos. Prestar atenção na consciência da densidade do ar quando está subindo e pensar na comparação com a água.
- Somente o braço trabalha. Não se devem contrair os ombros. O início do movimento está nos dedos e na mão que leva o braço levemente.
- Este é um movimento de grande calma.

7. Extensão dos braços

- Em pé, equilibrado com o peso dividido nos dois pés e os braços ao longo do corpo.
- Levantar o braço lateralmente na altura do ombro inspirando tranquilamente e bem profundamente. Descer os braços ao longo do corpo, duas vezes mais lentamente do que a subida, acompanhando de uma expiração que deve ser duas vezes mais longa que a inspiração.
- Este é um exercício para modular o ritmo respiratório.
- Pode-se contar mentalmente para respeitar a proporção entre a inspiração e a expiração.

- Pode-se expirar de um jeito que dê para ouvir, para esvaziar corretamente o pulmão.
- O movimento é de calma e de controle de si mesmo.

8. Descontração da cabeça para frente e para trás

- Pode ser sentado ou em pé.
- A cabeça, em posição normal, vai se inclinar lentamente para trás, usando seu próprio peso.
- Inspirar para trás.
- Quando a cabeça for para a frente, na posição normal, expirar.
- Recomendação: não forçar. Concentrar-se sobre as zonas da nuca. Abrir um pouquinho os maxilares para não forçar os músculos do pescoço quando for descontrair para trás.
- É um movimento que favorece o sono e é eficaz para prevenir as dores de cabeça.

Fonte: Leandri, 2002[6].

ANEXO 7 – RELAXAMENTO PARA CRIANÇAS DE MICHAUX

Uma sessão completa pode ser dividida em três partes:
- Primeiro tempo: movimento passivo
- Parte intermediária: imobilidade completa
- Segundo tempo: readaptação dos movimentos

A criança posiciona-se estendida sobre um colchonete com olhos fechados. Sua atitude não é de abandono, mas de cooperação e diminuição voluntária de controle muscular. Os diferentes segmentos corporais são de início imobilizados pelo adulto. Os movimentos devem ser lentos e repetidos. A monotonia constitui um fator favorável à reeducação. A finalidade do movimento passivo é obtida assim que o adulto não perceber mais resistência nem ajuda por parte do sujeito.

Movimentos passivos (regulação do tônus)

Movimentos da mão:
- Balanceamento: levanta-se o pulso. O antebraço é mantido ao nível do cotovelo. Executa-se na mão uma dezena de balanceamentos no plano vertical, por 1 segundo. Depois de uma pausa, retornaremos a esses movimentos tantas vezes quanto forem necessárias.
- Nota: No início de cada movimento o paciente estará estendido com os olhos fechados e os membros soltos.
- Elevação e queda da mão: com uma das mãos seguramos o punho da criança e com a outra elevamos a sua mão até o plano vertical, apoiando os seus dedos. Depois, retiramos a mão, deixando cair a mão da criança. Exercitamos 10 a 20 movimentos, um a cada 2 segundos.
- Balanceamento horizontal da mão sobre o seu eixo: o antebraço do paciente é colocado verticalmente, com a mão em flexão e dedos re-

laxados. A mão, assim flexionada, descreve um arco de 70 a 100° em plano horizontal, com movimentos de ida e volta inicialmente rápidos depois mais lentos.

Movimentos do antebraço

- Movimentos alternados de pronação e supinação: (virar a mão para cima e para baixo)
- Seguramos com uma mão o cotovelo; o braço e o antebraço permanecem estendidos. Com a outra mão seguramos o punho, executando com o antebraço de 10 a 20 movimentos alternados de pronação e supinação, observando o intervalo de 1 segundo. O movimento completo leva 3 segundos.
- Flexão e extensão do antebraço: executado com uma das mãos segurando o antebraço acima da articulação do cotovelo. A outra mão segura o poço e flexiona o antebraço no ângulo cerca de 45°. Depois deixamos cair o antebraço, apoiando-o em baixo. Um movimento dura 3 segundos.

Movimentos do braço

- Elevação e queda do braço: elevamos, tomando apoio, sob o cotovelo e o pulso, o membro superior estendido até a altura de um ângulo de 30°; depois deixamo-lo cair, apoiando-o ligeiramente. Um movimento: 4 segundos.
- Deslocamento horizontal do braço:
- O braço permanece estirado, sempre apoiado ao nível do cotovelo e do pulso de tal maneira que o braço permaneça no plano quase horizontal. Eecutamos movimentos de abdução e adução, um a cada 2 segundos.

Movimento dos ombros

O membro superior é mantido no nível do cotovelo e do pulso de tal maneira que o braço permaneça horizontal e o antebraço verticalmente flexionado. Imprime-se ao cotovelo o movimento de balanceamento, exercitando a articulação dos ombros. Fazem-se três movimentos para 5 segundos.

Movimentos de pé
- Torção completa da esquerda para direita e vice-versa (abdução e adução).
- Balanceamento no plano vertical.
- Queda: no começo, o pé repousa sobre sua borda externa. Levantamos à posição vertical e depois soltamos.

Movimento do joelho
- Flexão do joelho: a mão flexiona o joelho, deixando-o cair depois lentamente. O ritmo é de um movimento a cada 3 segundos, com uma pausa de 1 segundo.
- Queda lateral do joelho flexionado: deixamos o joelho cair sobre o lado externo. Pausa de 2 segundos, depois novamente levamo-lo à posição inicial. O movimento completo dura 4 segundos (com os 2 segundos de pausa).
- Queda do membro inferior: o membro inferior é mantido pelo calcanhar e pelo joelho e é balanceado lentamente no sentido vertical várias vezes. Depois recolocamo-lo sobre o solo. Um movimento para cada 2 segundos com uma pausa de 2 segundos.

Movimentos de cabeça, rosto e pescoço
- Esses exercícios podem ser os iniciais da primeira fase.
- Rotação da cabeça: a cabeça permanece no eixo do corpo e é rolada, alternadamente da direita para esquerda e vice-versa.
- Descontração dos músculos periorbitários e fixação do olho: obtém-se de início o fechamento permanente dos olhos (isso não é fácil nos instáveis que apresentam tremores dos músculos palpebrais e nos ansiosos que abrem frequentemente os olhos). Depois ensinamos a criança a manter os olhos imóveis, com ligeira convergência do olhar para a base do nariz.
- Efetuam-se, então, pressões suaves, intermitentes, com os dedos sobre as regiões periorbitais, para fazer desaparecer as contrações desnecessárias dos músculos da mímica que acompanha o fechamento do olho.
- Descontração dos músculos da boca e do maxilar: A criança tem geralmente seu maxilar contraído e então deve se exercitar deixando cair e depois fechando-o lentamente, várias vezes em seguida.

Fase intermediária: imobilidade completa

- Depois de um certo número de exercícios, prolongamos o estado de relaxamento por alguns minutos. A criança permanece imóvel com os olhos fechados. Tocamos ligeiramente em partes diferentes do seu corpo dizendo: "Pense na sua mão, que está relaxada, no seu antebraço, que está relaxado, etc.". Essa indução ao relaxamento por estímulos táteis e verbais é necessária especialmente para crianças que localizam mal as diferentes partes do corpo com olhos fechados.
- Depois de certo número de sessões, abandonamos os estímulos táteis e a criança pode realizar sem auxílio do próprio relaxamento.

Readaptação dos movimentos:

Movimentos com "tempo morto".
- Se a etapa precedente já foi realizada, pedimos à criança que permaneça estendida e de olhos fechados e que levante sozinha os diferentes segmentos de seus membros, deixando-os cair depois pesadamente.
- Explicamos que um relaxamento muscular deve seguir essa queda. A ordem dos movimentos é a mesma do primeiro tempo.

Posturas seguidas de relaxamento global:
- A criança executa as posturas diversas abandonando-as em seguida, entrando em um relaxamento muscular completo. Esses exercícios lhe permitem:
- Passar gradativamente da posição deitada para a posição em pé
- Conservar a noção de descanso, adquirido nos movimentos precedentes.
- Ex.: deitada de costas, a criança levanta a bacia do solo, com movimento de flexão do tronco, aproximando seus joelhos o mais perto possível das orelhas; depois deixa tombar seus pés para frente, estendendo o corpo e permanecendo alguns segundos em posição relaxada.

Nota da autora: peça que permaneça na posição e aos poucos vire para os lados e vá lentamente abrindo os olhos e despertando depois de espreguiçar e alongar o seu corpo.

Extraído de: Ferreira, 1974[10].

ANEXO 8 – TÉCNICA DO ROLO DE BARBANTE

- Disponha os participantes em círculo, todos em pé.
- O facilitador prende a ponta do rolo de barbante em um dos dedos de sua mão e explica que cada participante terá que contar brevemente o que achou de sua experiência no grupo e logo em seguida jogará o rolo para uma das pessoas à sua frente.
- Essa pessoa apanhará o rolo e, após enrolar o fio em um dos dedos, será a sua vez de contar como foi sua experiência no grupo e assim, sucessivamente, até que todos do grupo tenham participado e tenha se formado uma teia.

Fonte: adaptado de: http://dinamicasparagrupos.blogspot.com.br/2011/04/dinamica-de-grupo-28.html[11].

ANEXO 9 – TESTE DO ESPAGUETE DE SNEL

"Este exercício ensina a relaxar seu corpo por meio de uma analogia bastante interessante, que é o espaguete. Vamos começar imaginando o espaguete cru e analisar suas características."

"Hoje vamos fazer um teste com vocês que consiste em ver se vocês conseguem ficar moles como um espaguete cozido e pronto para comer".

A autora, Eline Snel, recomenda esta prática para aqueles que estão prestes a fazer uma prova na escola.

Diga: "Escolha se quer ficar sentado em uma cadeira ou deitado no chão. Em silêncio, comece a focar sua atenção no seu corpo."

"Aperte os olhos com força, feche e aperte a mandíbula e aperte os músculos do rosto. Solte, relaxando os músculos para que o seu rosto fique suave de novo."

"Agora que seu rosto está relaxado, cerre os punhos com muita força como se estivesse esmagando uma lata. Suas mãos sentirão a tensão e os braços também."

"Veja se você está prendendo a respiração… Está? Afrouxe a tensão nos braços, afrouxe as mãos e os dedos e respire profundamente até acabar toda a tensão."

"Quando seus braços e mãos estiverem relaxados, concentre sua atenção na sua barriga. Encolha para que fique completamente dura e apertada como uma prancha. Veja se está prendendo a respiração novamente. Relaxe a barriga, assoprando e deixando-a mole e suave. Agora respire e expire novamente. Veja se consegue sentir sua barriga subindo e descendo."

"Para relaxar as pernas, comece espremendo os dedos dos pés e pressionando os joelhos firmemente juntos. Sinta a tensão e depois solte novamente. Quando as pernas estiverem suaves e moles novamente, os joelhos destravados e os dedos dos pés relaxados, todo o seu corpo ficará relaxado."

"Permaneça deitado ou sentado até perceber que seu corpo quer se mexer novamente. Sem pressão."

Dê uns minutos, observando o grupo.

"Agora, vocês conseguiram passar no Teste do Espaguete. Ele está perfeitamente cozido."

Fonte: adaptado de Snel E. O teste do espaguete. In: Snel E. Quietinho feito um sapo: exercícios de meditação para crianças (e seus pais). Rio de Janeiro: Rocco; 2016.

ANEXO 10 – RECURSOS ADICIONAIS

Exemplo de desenho para colorir

Exemplo de moldura "Minhas coisas favoritas"

ANEXO 11 – QUIZ RELAXAMENTO

Nome: _____ Data: _____

Assinale a resposta correta:

1. Relaxamento é:
a) Dormir.
b) Vegetar em frente à TV.
c) Nenhuma das anteriores.

2. Tônus muscular é: estado de tensão dos músculos que permite o movimento e a sustentação do corpo.
a) Verdadeiro.
b) Falso.

3. Estresse corporal = estresse psicológico?
a) Sim.
b) Não.

4. O estresse:
a) Faz parte da vida. Temos que achar os melhores jeitos de lidar com ele.
b) É possível fugir dele.

5. Consciência corporal:
a) Permite perceber por meio do corpo os estados mentais.
b) É um tipo de balé/dança.

6. Para fazer a respiração abdominal, devo:
a) Encher a barriga de ar e, ao soltar o ar, esvaziar a barriga.
b) Encher o pulmão de ar e soltar.

REFERÊNCIAS BIBLIOGRÁFICAS

1. Lazar SW, Kerr CE, Wasserman RH, et al. Meditation experience is associated with increased cortical thickness. Neuroreport. 2005;16(17):1893-7.
2. De Bousingen R. La Relaxation. Paris: Verzanobles-Grego; 1992.
3. Wallon H. Les Origines du caractère chez l'enfant. 9. ed. Paris: Quadrige/PUF; 1987. p. 144-178.
4. Lazarus R, Folkman S. Stress appraisal and coping. Nova York: Springer; 1984.
5. Davis M, Eshelman ER, Mc Kay M. Manual de relaxamento e redução do stress. 2.ed. São Paulo: Summus; 1996. p.242.
6. Leandri JF. Prise de conscience de soi. In: Éducation gestuelle relaxation-rééducation par le mouvement. Paris: Editions Vernazobles-Grego; 2002. p.35-58.
7. UCLA Mindful Awareness Research Center. Body scan meditation (3 mins); 2007. Disponível em: marc.ucla.edu/mindful-meditations. Acesso em: 15 jan. 2018.
8. Sandor P. Técnicas de relaxamento. São Paulo: Vetor; 1974. p.112.
9. Snel E. O teste do espaguete. In: Snel E. Quietinho feito um sapo: exercícios de meditação para crianças (e seus pais). Rio de Janeiro: Rocco; 2016. Disponível em: https://www.rocco.com.br/especial/quietinho-feito-um-sapo/. Acesso em: 15 jan. 2018.
10. Ferreira LM. Relaxamento em crianças, com o método de L. Michaux. In: Sandor P. Técnicas de relaxamento. São Paulo: Vetor; 1974. p. 36-43.
11. Dinâmica de grupo (28). A teia da amizade. 2011. Disponível em: http://dinamicasparagrupos.blogspot.com.br/2011/04/dinamica-de-grupo-28.html Acesso em: 15 jan. 2018.

ÍNDICE REMISSIVO

A

Abordagem multidisciplinar 3
Abuso sexual 7
Agitação psíquica 7
Agressividade 7
Alongando e respirando 53
Ansiedade 2
Apresentação
  do programa 12
Atividade de escovação 52
Atividades para casa 8

B

Baixa de tensão 17
Barbante 56
Bem-estar emocional 22

C

Capacidades cognitivas 8
Círculo virtuoso do relaxamento 22
Comunicação não verbal 2
Confidencialidade 13
Conhecendo os músculos e o tônus
    muscular 35
Consciência
  corporal 8, 49
  e atenção ao corpo 40
  tônico-emocional 5
Conscientização das vias corporais 5
Contrações musculares 49
Contrato 13
Controle das contrações musculares 27
Corpo e emoções 48

D

Depressão 2
Descontração neuromuscular 1
Desenho para colorir 80
Diálogo-tônico emocional 5

E

Epilepsia 7
Escala de Percepção de Relaxamento
  para adultos 62
  para crianças e adolescentes 63
Escala de Relaxamento 9
Escova 51
Esgotamento da energia 18
Esquizofrenia 7
Estados depressivos 17
Estresse 16, 45, 46
  corporal e psicológico 25
  exagerado 17
  fatores internos e externos 16
  no nosso corpo 30
  no vínculo pais e filhos 38
Estrutura do programa 7, 13
Expressão do tônus 1

F

Facilitador 8
Falta de vontade 17
Foco na respiração 9

G

Giz de cera 26

H

Hiperatividade 2

I

Importância da respiração 20
Indicação para este programa 7, 13
Infraestrutura necessária 6
Interface corpo-mente 23
Introdução do programa para as crianças 44

L

Lições de casa 8
Lista de problemas 60

M

Massagem 14
Materiais específicos 6
Material para todas as sessões 6
Memória corporal 49
Moldura 54
 "Minhas coisas favoritas" 80
Músculos 36
Música 9, 27, 46

O

Objetivo 2, 4, 13
  geral do programa 15
Organização do programa 3

P

Percepção da respiração 20
Percepções 25
Perguntar ao grupo 16
Prática
  da meditação 1
  psicomotora 1
Precauções e contraindicações 7
Programa para o grupo de filhos 44
Psicomotricidade 1, 5, 14

Psicose 7
Psicoterapias 18
Público deste manual 4

Q

"Quebre o gelo!" 8
Quiz relaxamento 81

R

Rastreamento corporal 29
Reações diferentes ao estresse 30
Recursos adicionais 80
Registro do Detetive 64
Relação entre pais e filhos 2
Relação tônico-afetiva 5
"Relaxação" psicomotora 1
Relaxamento 14
  com escovas 51
  do espaguete 52
  grafomotor 36
  muscular progressivo 32, 33, 36
  para crianças 56
  para crianças de Michaux 73
  psicomotor 5
Respiração 22
  abdominal 36
  diafragmática 22, 23, 26
Respostas corporais em condições de estresse e de calma 22
Ritmo da música 27
Roteiro
  para o rastreamento corporal 65
  para o relaxamento
    de segmentos corporais 69
    muscular progressivo de Jacobson 67

S

Sensações 25
Símbolos 7
Situação de alerta 17
Socorrer o filho 21

T

Tarefa grafomotora 29
Técnica
  do rastreamento corporal 31
  do rolo de barbante 77
  de relaxamento em saúde mental 5
Termômetro das emoções 45
  para as crianças 9
Tônus
  de repouso 1
  e emoção 5

Transtornos
  alimentares em fases agudas 7
  comportamentais 2
  de humor 2
  disruptivos 3

V

Vínculo com os filhos e o estresse 39

SLIDES

88 RELAXAMENTO PSICOMOTOR E CONSCIÊNCIA CORPORAL

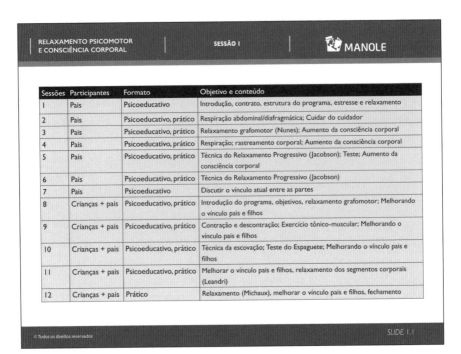

- Procurando tratamento para os filhos?
- Procurando reduzir problemas?
- Convivem com estresse?

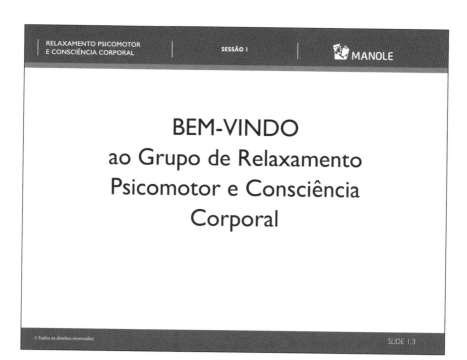

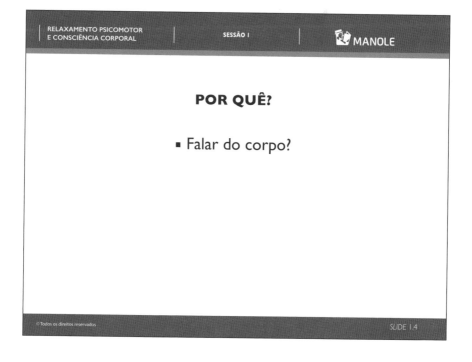

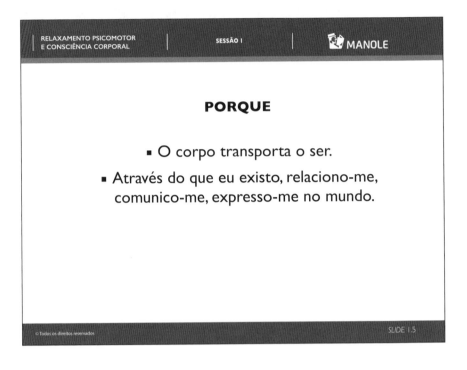

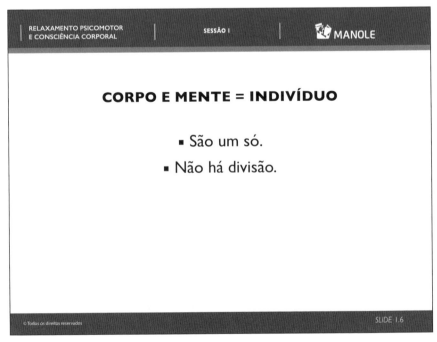

PSICOMOTRICIDADE

- Disciplina que entende o indivíduo como um todo.

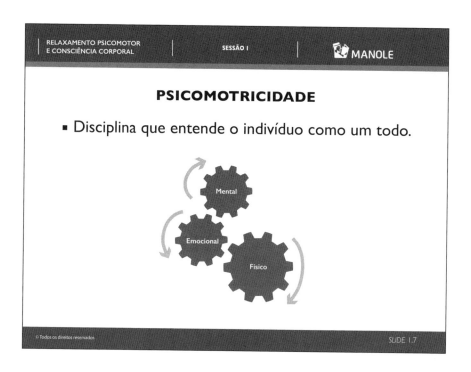

DEFINIÇÃO

- O indivíduo = seu corpo todo.

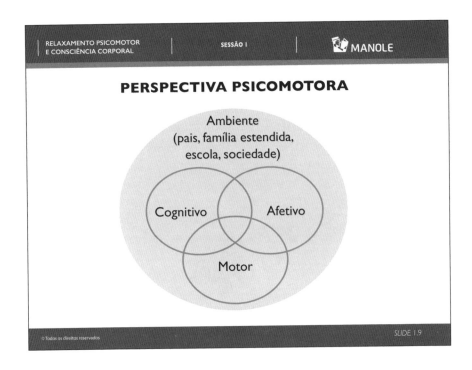

| RELAXAMENTO PSICOMOTOR E CONSCIÊNCIA CORPORAL | SESSÃO I | MANOLE |

GRUPO DE RELAXAMENTO E CONSCIÊNCIA CORPORAL

- Total de 12 sessões.
- 7 pais (pais, mães ou responsáveis).
  - 5 pais e crianças/adolescentes.

SLIDE 1.11

| RELAXAMENTO PSICOMOTOR E CONSCIÊNCIA CORPORAL | SESSÃO I | MANOLE |

O QUE VAMOS FAZER?

- Atividades com o corpo todo.
  - Pensar sobre o corpo.

SLIDE 1.12

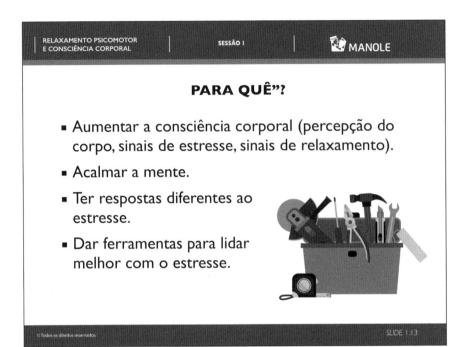

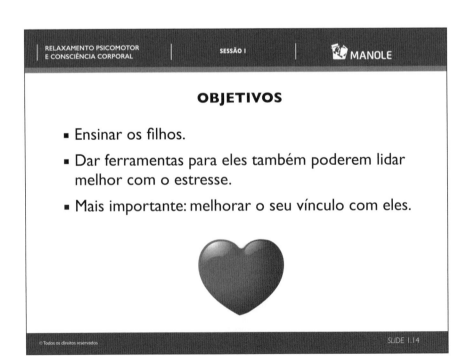

DEFINIÇÃO DE ESTRESSE

- A soma de respostas físicas e mentais causadas por determinados estímulos externos ou internos (estressores).
- Permitem ao indivíduo (humano ou animal) superar determinadas exigências do meio ambiente.
- O termo estresse foi tomado emprestado da física, na qual designa a tensão e o desgaste a que estão expostos os materiais.

ESTRESSE E TENSÃO: PARTE DA VIDA

- Em cada estágio da vida, o estresse se encontra presente.
- Bebê no útero (força o empurra para fora, frio, luz, manuseio).
- Outros exemplos: ter fome, aprender a segurar a mamadeira, aprender a tabuada.
- Qualquer mudança com que você tem que se adaptar gera estresse.
- Até mesmo coisas positivas!

DE ONDE VEM O ESTRESSE?

- Meio ambiente (fatores externos).
- Temperatura, barulho, multidão, exigências das pessoas, pressão quanto a prazo, desempenho, ameaças a sua segurança e a sua autoestima.
- Brigas com familiares, irmãos, divórcio.
- Mudanças de escola, de série.
- Mudança de trabalho, de chefe, promoção, desemprego.

Fonte: Davis M, Eshelman ER, Mc Kay M. Manual de relaxamento e redução do stress. 2.ed. São Paulo: Summus; 1996; p.242.

DE ONDE VEM O ESTRESSE?

- Do corpo (fatores fisiológicos).
- Doenças.
- Menstruação, menopausa, andropausa.
- Envelhecimento.
- Acidentes.
- Falta de exercício.
- Alimentação ruim.
- Dificuldades para dormir.

Fonte: Davis M, Eshelman ER, Mc Kay M. Manual de relaxamento e redução do stress. 2.ed. São Paulo: Summus; 1996; p.242.

| RELAXAMENTO PSICOMOTOR E CONSCIÊNCIA CORPORAL | SESSÃO I | MANOLE |

DE ONDE VEM O ESTRESSE?

- Pensamentos (fatores internos).
- Sua maneira de interpretar.
- Sua maneira de perceber as experiências*.
- Ex.: Chefe irritado te olhando:
  1. Gera ansiedade e estresse. Você pensa: "Ele está bravo comigo".
  2. Você está calmo e relaxado. Você pensa: "Ele anda cansado e preocupado, deve estar com muitos problemas para resolver".
- Com qual situação você se identificou? 1 ou 2?.

*Fonte: Davis M, Eshelman ER, Mc Kay M. Manual de relaxamento e redução do stress. 2.ed. São Paulo: Summus; 1996; p.242.

SLIDE 1.19

| RELAXAMENTO PSICOMOTOR E CONSCIÊNCIA CORPORAL | SESSÃO I | MANOLE |

COMO LIDAMOS COM A SITUAÇÃO ESTRESSANTE?

- Porque está acontecendo isto?
- Qual é o motivo?
- É uma situação perigosa? Estou ameaçado?
- Como lidamos com isto?
- Ansiosos/estressados: em geral, as pessoas estressadas avaliam as situações como ameaças e não têm ideia de como lidar com formas diferentes de estresse.

Fonte: Lazarus R, Folkman S. Stress appraisal and coping. Nova York: Springer; 1984. p.242.

SLIDE 1.20

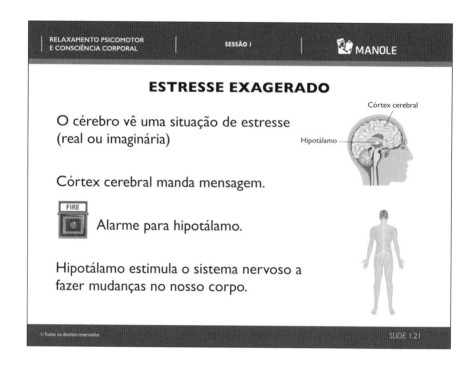

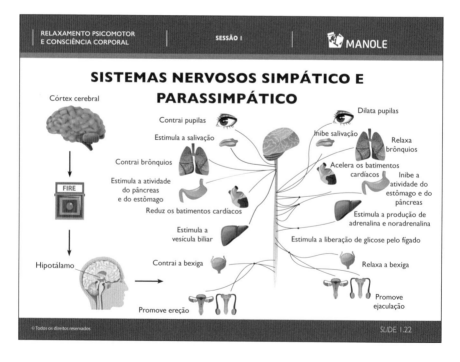

Sistema nervoso simpático

- Excesso de tensão muscular.
- Aumento dos batimentos cardíacos e da pressão sanguínea.
- Transpiração.
- Dilatação das pupilas.
- Mãos e pés frios.
- Diafragma e ânus se contraem.
- Mudanças químicas: glândulas secretam corticoides, adrenalina, epinefrina, norepinefrina cujos efeitos prolongados são prejudiciais.

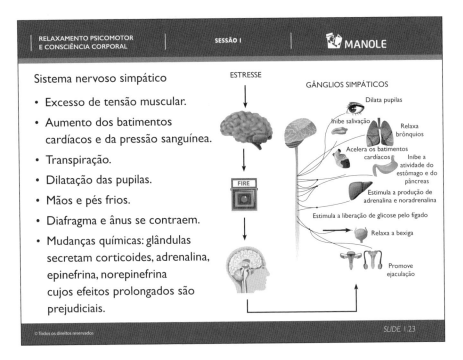

EXCESSO DE ESTRESSE NO CURSO DA VIDA

Agravar

Mentais/afetivos:
- Hiperatividade.
- Depressão.
- Oposição.
- Ansiedade.
- Dificuldades de memória.

Físicos:
- Problemas de digestão, reprodução (menstruação, problemas libido), crescimento, renovação dos tecidos.
- Reações anti-inflamatórias.
- Dores de cabeça.
- Aumento da pressão arterial.
- Mudanças no metabolismo (problemas digestivos).
- Queda do sistema imunológico.
- Insônia.
- Tensão, doenças musculares.
- Diabetes.

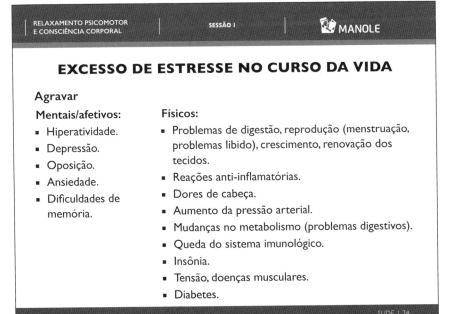

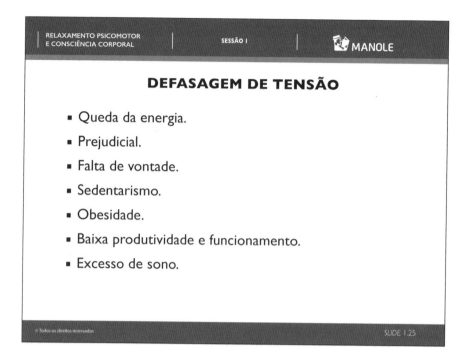

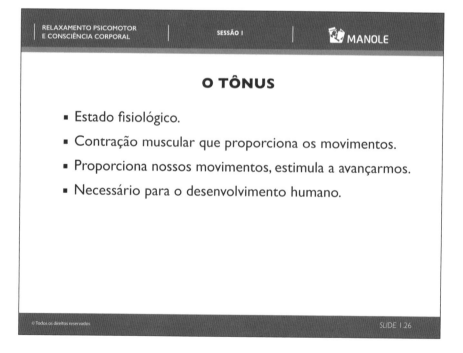

TENSÃO EXAGERADA

- Se for constante, é prejudicial.

E O CORPO?

Não gosta de estresse

Mostra para você os sinais:
- Dor de barriga.
- Dor de cabeça.
- Constipação.
- Sudorese.
- Hipertonia/hipotonia.
- Insônia/excesso de sono.
- Dores musculares.

BOA NOTÍCIA

O mecanismo que inicia o estresse também pode acabar com ele!

Se não há perigo... I. ESTRESSE

O corpo não produzirá mais estas respostas:
- Tensão muscular em excesso (hipertonia).
- Aumento dos batimentos cardíacos.
- Pressão sanguínea.
- Transpiração.
- Pupilas se dilatam.
- Mãos e pés frios.
- Diafragma e ânus se contraem.
- Mudanças químicas: glândulas adrenais secretam corticoides adrenalina, epinefrina, norepinefrina que têm efeitos negativos se prolongados.

Fonte: Davis M, Eshelman ER, Mc Kay M. Manual de relaxamento e redução do stress. 2.ed. São Paulo: Summus; 1996; p.242.

SLIDE 1.29

RELAXAMENTO

- Evitar esgotamento da energia.
- Evitar que seja esmagado pelo estresse da vida.

- Você pode aprender a ter consciência da sua resposta de estresse e e então controlá-la.
- Você pode aprender a relaxar!

SLIDE 1.30

RELAXAMENTO: TÔNUS IDEAL

- Melhor resposta ao estresse.
- Contrário do alarme.
- Faz o corpo voltar ao estado normal e de equilíbrio
- Normaliza os processos FÍSICOS, MENTAIS, EMOCIONAIS = CORPO
- Tensão muscular.
- Batimentos cardíacos.
- Respiração.
- Audição.
- Pressão sanguínea.
- Transpiração.
- Pupilas.
- Temperatura.

RELAXAMENTO – O QUE É

- Técnica ativa.
- Consciência do corpo.
- Algumas técnicas vão agradar mais, outras menos.
- Escolher o que pode ser aplicado no dia a dia.

e

- PRATICAR!

RELAXAMENTO – O QUE NÃO É

- Dormir.
- Vegetar em frente à TV ou na internet.

TÉCNICAS DE RELAXAMENTO E CONSCIÊNCIA CORPORAL

IMPORTANTE:
- Que dê para aplicar no dia a dia.
- 15-20 minutos.
- Regulares (todos os dias, 5x por semana, 3x, etc., 2x ao dia).
- Pais, filhos e pais + filhos.

SLIDE 1.35

SLIDE 1.36

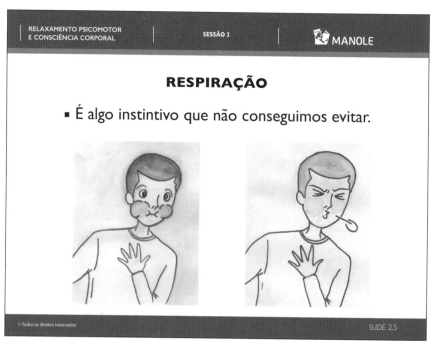

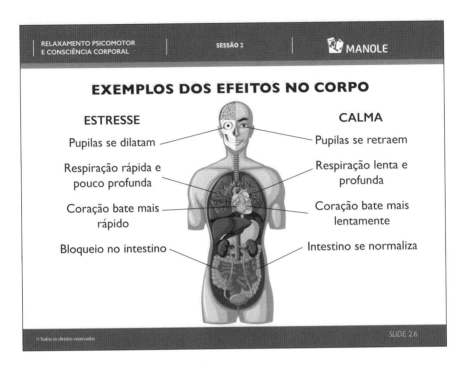

FUNÇÃO DE PURIFICAÇÃO

- Os brônquios transportam o oxigênio para veias e artérias.
- O sangue é bombeado pelo coração através das artérias, levando oxigênio para o corpo todo.
- Ele retorna para o lado direito do coração e é bombeado para os pulmões. As células do sangue captam o oxigênio e liberam o dióxido de carbono.
- O sangue purificado e oxigenado é devolvido para o lado esquerdo do coração e conduzido para o corpo.
- Quando pouco ar renovado chega nos pulmões o sangue não é purificado ou oxigenado corretamente.
- As substâncias que teriam sido removidas são mantidas na circulação, lentamente envenenando o sistema.

| RELAXAMENTO PSICOMOTOR E CONSCIÊNCIA CORPORAL | SESSÃO 2 | MANOLE |

RESPIRAÇÃO

- Respirar bem ou adequadamente pode ajudar a melhorar nossa qualidade de vida.

- Quem pratica técnicas de respiração regularmente tem mais possibilidade de agir ao invés de reagir às situações.

SLIDE 2.8

| RELAXAMENTO PSICOMOTOR E CONSCIÊNCIA CORPORAL | SESSÃO 2 | MANOLE |

RESPIRAÇÃO COMO FORMA DE RELAXAMENTO

- Mais lenta.
- Mais profunda.
- Com pausas inspiratórias e expiratórias.
- Livre e natural.

SLIDE 2.9

O RITMO DA RESPIRAÇÃO

- Determina de forma positiva ou negativa o nosso estado físico, mental e emocional, melhorando muito a qualidade de vida.
- A respiração correta massageia os órgãos do corpo e faz com que eles trabalhem com perfeição.

EXPIRAÇÃO

Ar sai
Barriga se esvazia

RESPIRAÇÃO DIAFRAGMÁTICA

- A respiração lenta pelo diafragma traz benefícios à saúde.
- O oxigênio chega até a parte abaixo dos pulmões, onde ocorre a troca gasosa do oxigênio pelo gás carbônico; na saída, o gás carbônico passará completamente pelos pulmões.

RESPIRAÇÃO DIAFRAGMÁTICA

- Este músculo (diafragma) localiza-se entre o tórax e o pulmão.

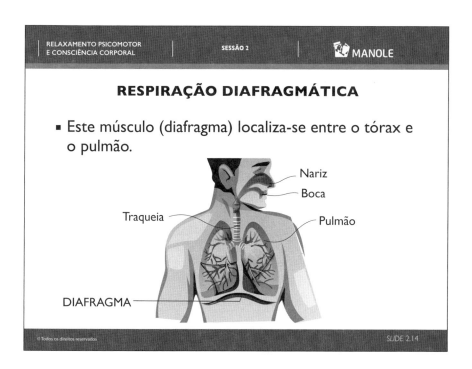

RELAXANDO O CORPO TODO POR MEIO DA RESPIRAÇÃO

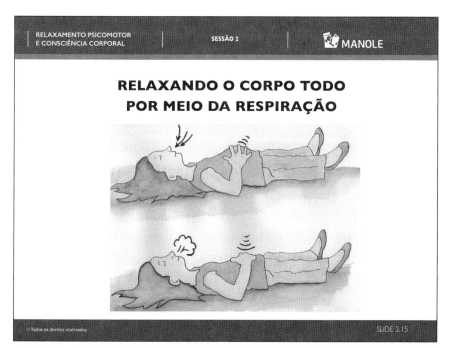

EXERCÍCIO

- Feche os olhos e comece a relaxar.
- Faça algumas respirações profundas, sinta o fundo da barriga.
- Sua barriga está ficando grande quando você inspira e pequena quando você solta o ar.

ESTRESSE CORPORAL ⇔ ESTRESSE PSICOLÓGICO

- Você não pode ter sensação de mal-estar em seu corpo e, ao mesmo tempo, experimentar bem-estar psicológico.

ESTRESSE CORPORAL ⇔ ESTRESSE PSICOLÓGICO

- O hábito de reagir com uma delas bloqueia o efeito da outra.

ATÉ A PRÓXIMA SESSÃO!

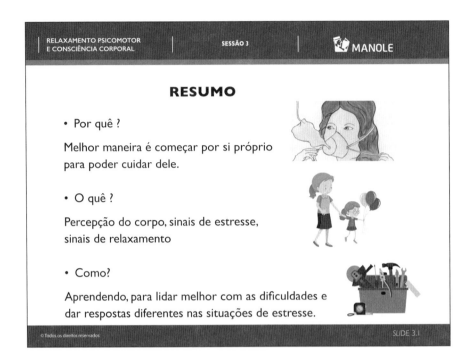

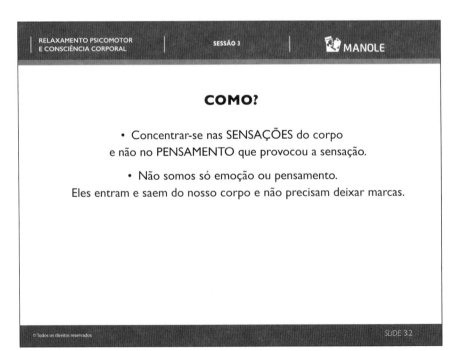

SENSAÇÕES ⇒ PERCEPÇÕES

QUESTÕES

1. É possível sentir raiva, medo ou preocupação quando você não está pensando nas coisas que te dão estas emoções?
2. É possível escolher os pensamentos que eu quero ter?
3. A emoção aparece no meu corpo?

Raiva 　　Medo 　　Preocupação

RESPOSTAS

1. É possível sentir raiva, medo ou preocupação, quando você não está pensando nas coisas que te dão estas emoções?

NÃO.

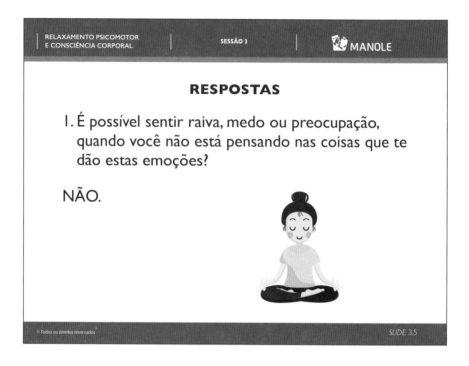

RESPOSTAS

2. É possível escolher os pensamentos que eu quero ter?

SIM.

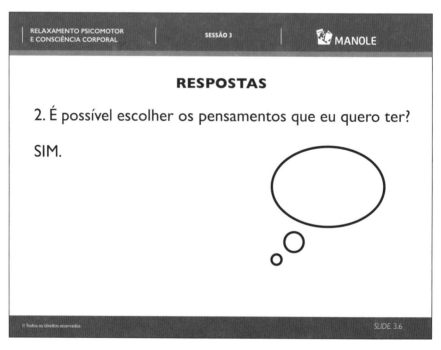

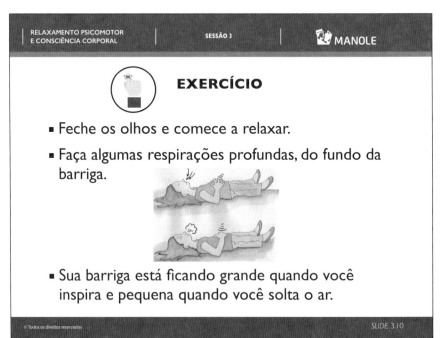

GRUPO DE RELAXAMENTO PSICOMOTOR E CONSCIÊNCIA CORPORAL

- Total de 12 sessões.
- 7 pais (pais, mães ou responsável).
- 5 pais + crianças/adolescentes.

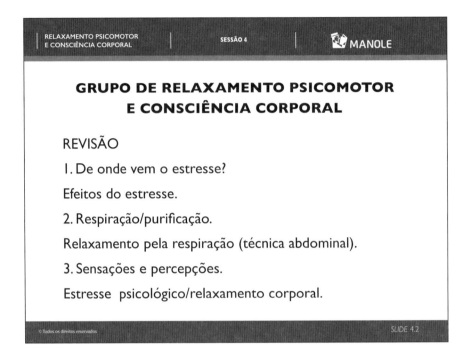

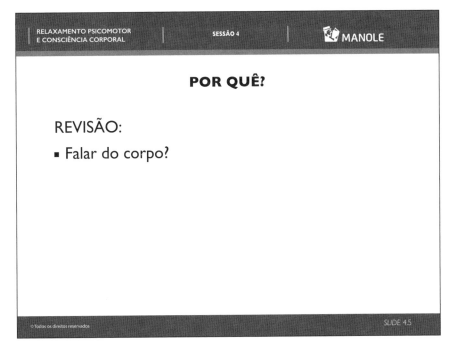

POR QUÊ?

REVISÃO:
- Falar do corpo?

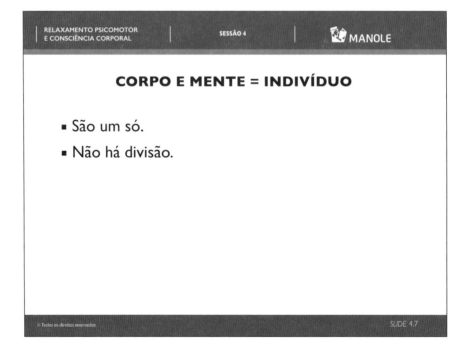

E O CORPO?

- Não gosta de estresse.
- Mostra para você os sinais.

ESTRESSE CORPORAL ⇔ ESTRESSE PSICOLÓGICO

- O hábito de reagir com uma delas bloqueia o efeito da outra.

ESTRESSE CORPORAL ⇔ ESTRESSE PSICOLÓGICO

- Corpo responde com tensão muscular aos pensamentos e eventos que provocam ansiedade.

ESTRESSE CORPORAL ⇔ ESTRESSE PSICOLÓGICO

- A tensão fisiológica aumenta a experiência de ansiedade.

TÉCNICA DO RASTREAMENTO CORPORAL

- Trabalhar com a percepção do corpo.
- Atenção proprioceptiva.

ESTRESSE CORPORAL ⇔ ESTRESSE PSICOLÓGICO

- Relaxamento muscular.
- Reduz a tensão fisiológica e é incompatível com a ansiedade.

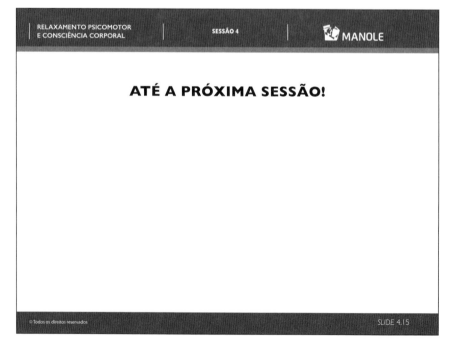

QUIZ RELAXAMENTO

Nome:_____ Data:_____

Assinale a resposta correta:

1. Relaxamento é:
a) Dormir.
b) Vegetar em frente à TV.
c) Nenhuma das anteriores.

2. Tônus muscular é: estado de tensão dos músculos que permite o movimento e a sustentação do corpo.
a) Verdadeiro.
b) Falso.

3. Estresse corporal = estresse psicológico?
a) Sim.
b) Não.

4. O estresse:
a) Faz parte da vida. Temos que achar os melhores jeitos de lidar com ele.
b) É possível fugir dele.

5. Consciência corporal:
a) Permite perceber por meio do corpo os estados mentais.
b) É um tipo de balé/dança.

6. Para fazer a respiração abdominal, devo:
a) Encher a barriga de ar e, ao soltar o ar, esvaziar a barriga.
b) Encher o pulmão de ar e soltar.

TEMA DESTA SESSÃO

- O que são estresse e relaxamento.
- Cuidar do cuidador
- Respiração abdominal.

HOJE:

- Relaxamento progressivo (Jacobson)/percepção corporal/ percepção do tônus muscular.

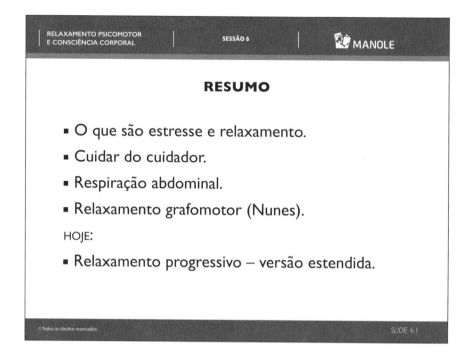

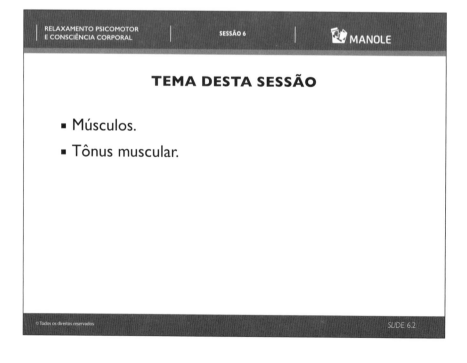

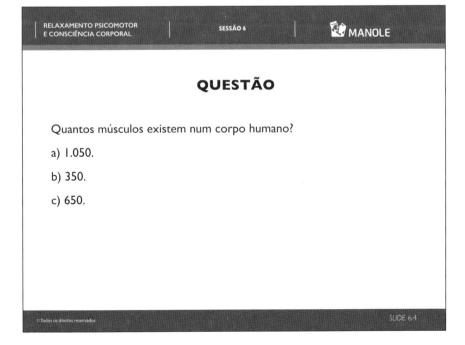

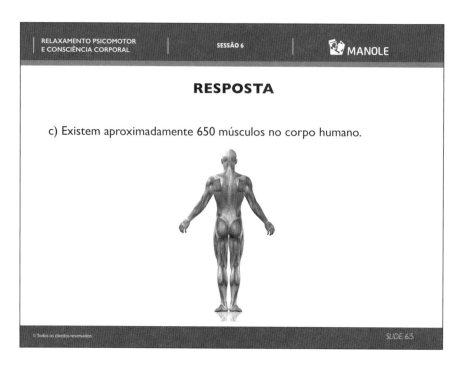

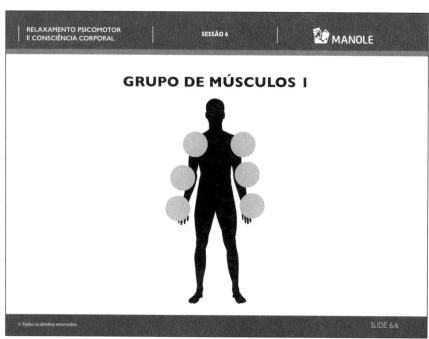

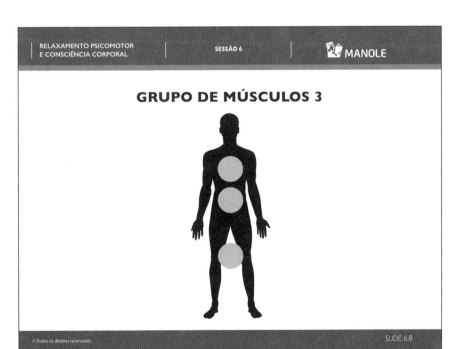

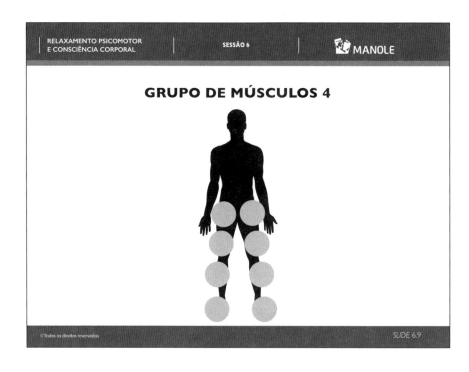

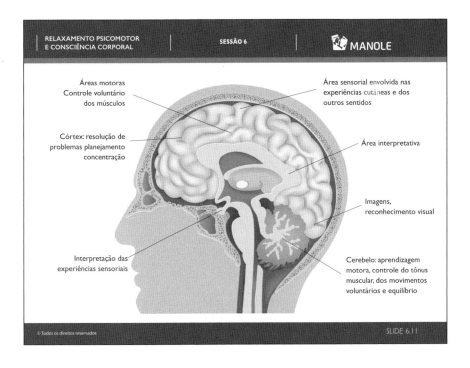

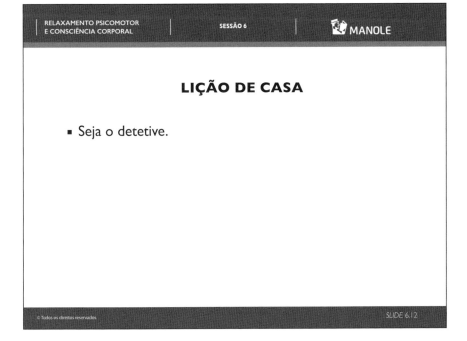

LIÇÃO DE CASA

- Seja o detetive.

| RELAXAMENTO PSICOMOTOR E CONSCIÊNCIA CORPORAL | SESSÃO 6 | MANOLE |

LIÇÃO DE CASA

SEJA O DETETIVE

Coisas que causam sentimentos negativos (estresse, tristeza, raiva)	Em qual momento do dia ocorreu?	O que eu aprendi e posso usar para conseguir lidar melhor com esta situação da próxima vez

Fonte: Davis M, Eshelman ER, Mc Kay M. Relaxamento progressivo. In: Davis M, Eshelman ER, Mc Kay M. Manual de relaxamento e redução do stress. 2.ed. São Paulo: Summus; 1996; p.16.

SLIDE 6.13

| RELAXAMENTO PSICOMOTOR E CONSCIÊNCIA CORPORAL | SESSÃO 7 | MANOLE |

RESUMO DAS TÉCNICAS DEMONSTRADAS

- O que são estresse e relaxamento?
- Cuidar do cuidador.
- Respiração abdominal.
- Rastreamento corporal/percepção corporal/percepção do tônus muscular.
- Relaxamento grafomotor (Juan Nunes).
- Observação do estresse/relaxamento progressivo (Jacobson).

SLIDE 7.1

LIÇÃO DE CASA

- Detetive.
- Lista de sintomas.

PARA AJUDAR AS CRIANÇAS...

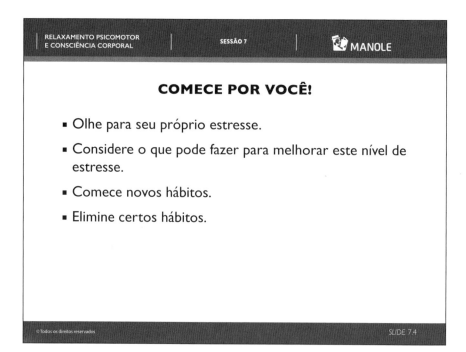

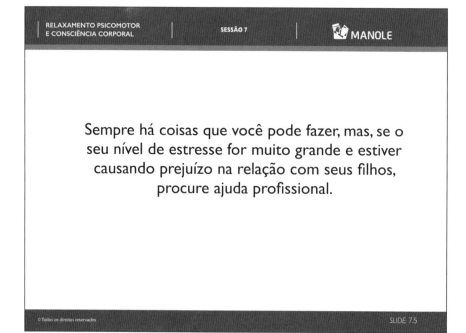

O QUE TORNA A VIDA MAIS GERENCIÁVEL?

- Melhor maneira, começar por si próprio.
- Procurar maneiras de ser mais saudável.
- Fazer atividades físicas.
- Desligar a tecnologia.
- Cuidar dos hábitos alimentares.
- Ter horas de sono suficientes.

O QUE ATRAPALHA A ATIVIDADE CEREBRAL/MENTAL?

- Som muito alto.
- Fazer várias coisas ao mesmo tempo.
- Passar muito tempo em atividades sedentárias e em ambientes fechados.
- Muita tecnologia: TV, computador, telefone, *tablets*.

QUANTO TEMPO POR DIA PASSAMOS EM FRENTE A UMA TELA?

- +/- 3 horas por dia (dados dos EUA).

ISTO GERA:

- Falhas na concentração.
- Distorções na percepção do ambiente ao redor.
- Desafio: daria para dividir este tempo por 2?

COISAS QUE POSSO FAZER PARA REDUZIR O ESTRESSE

- Exercícios físicos.
- Conversar com amigos.
- Ler um livro.
- Praticar relaxamento.
- Fazer artesanato.
- Pintar ou colorir.
- Mexer na terra.
- Lavar a louça.
- Caminhar.
- Ouvir música relaxante.

COISAS QUE POSSO FAZER PARA REDUZIR O ESTRESSE COM MEU FILHO

- Participar de uma atividade social.
- Jantar junto em família.
- Reuniões familiares.
- Fazer esportes com a família.
- Jogar jogos de cartas/tabuleiro.
- Ir ao parque.
- Fazer um piquenique.
- Ouvir música juntos.
- Assistir um filme juntos.
- Cozinhar juntos.
- OUTRAS IDEIAS?

SLIDE 7.10

BEM-VINDO
ao Grupo de Relaxamento Psicomotor e Consciência Corporal

SLIDE 8.1

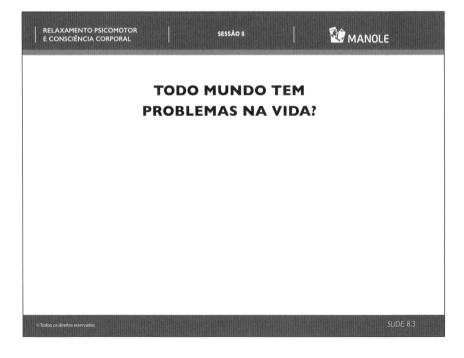

RESPOSTA:

OBJETIVOS

- Dar FERRAMENTAS para eles também poderem lidar melhor com os problemas.

- E mais importante:
- Para melhorar o seu vínculo com eles.

PARA QUÊ?

- Ter respostas diferentes ao estresse.
- Perceber o corpo, os sinais de estresse, os sinais de relaxamento.
- Acalmar a mente.
- Dar ferramentas para lidar melhor com os problemas.

SLIDE 8.6

ENTÃO, O QUE ELES FIZERAM AQUI MESMO?

SLIDE 8.7

| RELAXAMENTO PSICOMOTOR E CONSCIÊNCIA CORPORAL | SESSÃO 8 | MANOLE |

RESPOSTA

- Procuraram sinais do estresse no corpo (tensões que acontecem quando nossos músculos se retraem).

- Acalmaram a mente fazendo exercícios com o corpo.

- Brincaram de detetive.

- Brincaram com giz de cera.

SLIDE 8.8

| RELAXAMENTO PSICOMOTOR E CONSCIÊNCIA CORPORAL | SESSÃO 8 | MANOLE |

POR QUE ESCOLHEMOS FALAR DO CORPO?

SLIDE 8.9

GRUPO DE RELAXAMENTO PSICOMOTOR E CONSCIÊNCIA CORPORAL

Na última sessão:
- Desenho com giz.
- Sensações e percepções.

SLIDE 9.1

TEMA DESTA SESSÃO

- O corpo e as emoções.
- Os músculos e os sentimentos/emoções.
- Tônus muscular.

SLIDE 9.2

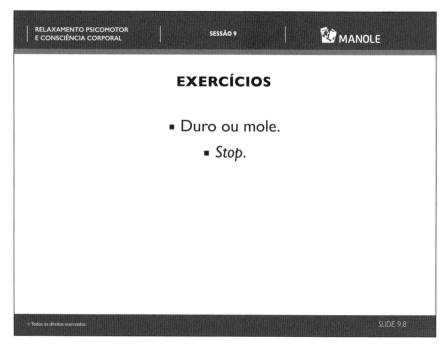

RELAXAMENTO – O QUE NÃO É?

- Dormir.
- Vegetar em frente à TV.

GRUPO DE RELAXAMENTO PSICOMOTOR E CONSCIÊNCIA CORPORAL

- Desenho com giz de cera.
- Sensações, percepções e emoções.
- Duro ou mole (tônus).
- Estátua (tônus).
- Respiração.

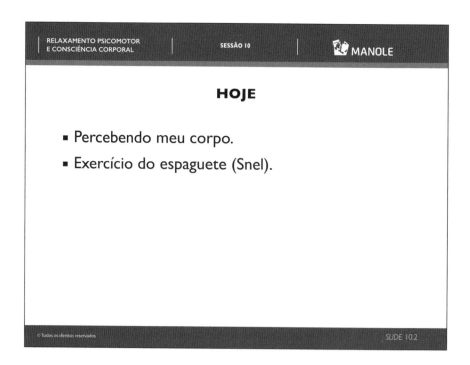

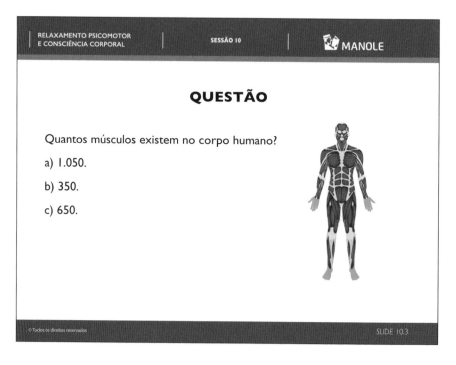

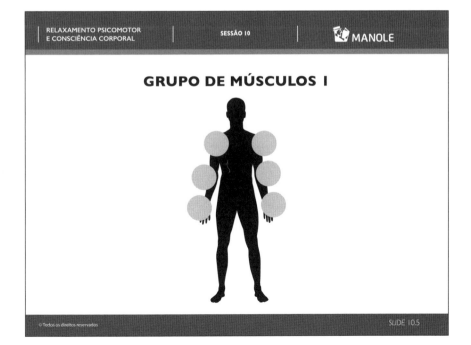

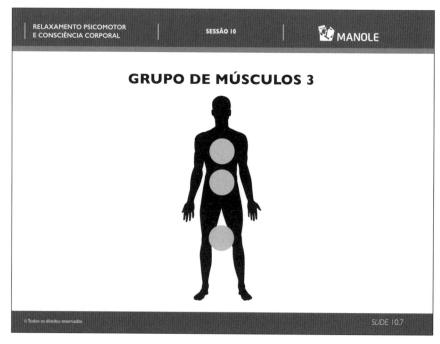

156 RELAXAMENTO PSICOMOTOR E CONSCIÊNCIA CORPORAL

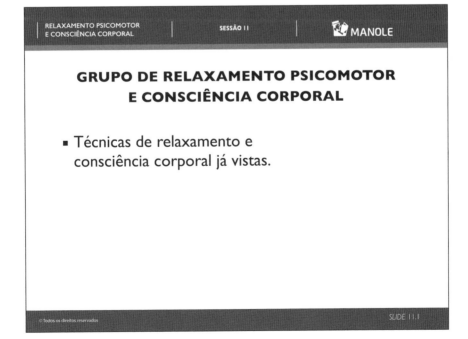

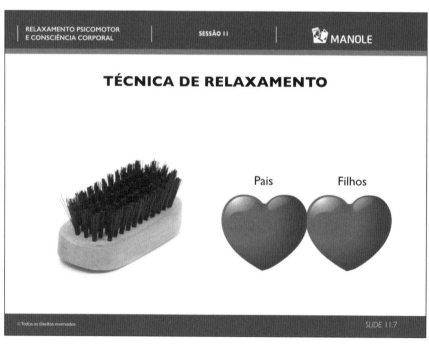

GRUPO DE RELAXAMENTO PSICOMOTOR E CONSCIÊNCIA CORPORAL

- Desenho com giz de cera (Juan Nunes).
- Sensações, percepções e emoções.
- Duro ou mole (tônus).
- Estátua (tônus).
- Respiração (vela ou xícara de chá quente).
- Técnica do espaguete (Snel) e da escova.

HOJE

- Minhas coisas favoritas.
- Alongando e respirando.

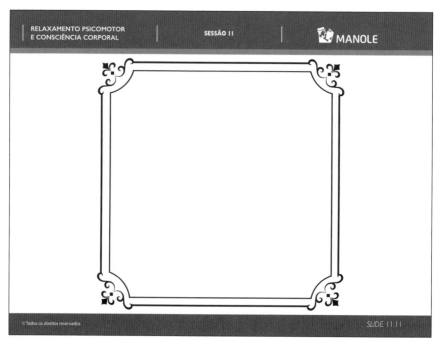

Exemplos:
- Dar carinho para o cachorro.
- Jogar meu jogo favorito.
- Tomar um sorvete.
- Conversar com um amigo.
- Andar na praia.
- Acordar com sol.

RELAXAMENTO PSICOMOTOR

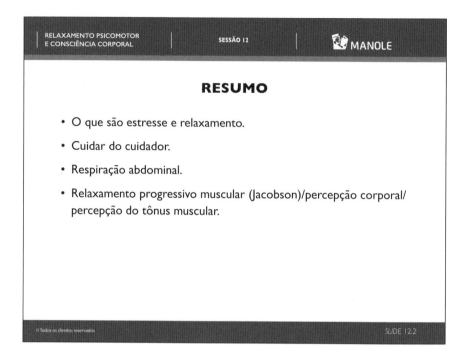

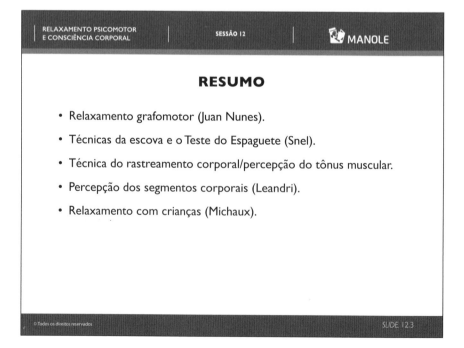